一個微笑，一句祝福；
人人行好願，讓人間淨土實現。

有大願力

聖嚴法師——著
法鼓文化編輯部 選編

編者序

面對變幻莫測的全球變局，世界的未來會更好或更壞？一人發願的力量只有一分，十人發願就有十分，如能萬眾一心，美好世界必能「心想願成」。

發願的「蝴蝶效應」不可思議，從自身做起而感動他人，能讓小小願心匯聚成無邊的願海，產生改變的力量，讓人看見希望的曙光，也成為推動安樂社會的力量。

因此，二〇二五年法鼓山以「有大願力──一個微笑，一句祝福；

人人行好願，讓人間淨土實現。」為年度主題，希望共創好心好世界。法鼓文化編輯部特別精選聖嚴法師的智慧法語，分享如何發願、感化自己、感動別人、廣結善緣，由此實踐心靈環保，一起開創嶄新的未來。

發願，不論願的大小，有願就有力。發願之後，重在實踐，才不會成為不切實際的空願。「勿以善小而不為，勿以惡小而為之」，一個善念能帶來無限希望，先從自己做起，再擴及他人，進而影響社會風氣，將可啟動幸福未來。我們常說「施比受更有福」，布施不但能培福，也代表自己的心靈富足。事實上，除了布施財物，更重要的是，讓人感受到願心的溫暖，體會到心靈環保的意義，如此廣結善緣，自己就能像源源不盡的幸福泉源，為大家帶來真正的平安。

心靈環保是安定現代人身心的良方，讓自己不受環境困擾。聖嚴法師說：「人只要在一念之間改變自我，世界就會跟著改變，外在世界或許還是那樣，但是自己看世界的眼光不同了。」只要能夠改變心念，以智慧心面對現實，安己安人，你所在之處，即是人間淨土。

好願在人間，只要許好願、存好心、說好話、做好事，從自我做起，將「小小的好」累積成為「大大的好」，無論是一個微笑或一句祝福，心懷善念，就能帶動善的循環，讓好願生生不息！

法鼓文化編輯部

目錄

01

有願就有力

003 編者序
012 好願在人間
017 為什麼要發願？
022 立願的三層次
028 發好願，轉好運
031 轉自私自利的我為功德的我
036 為自己的人生許一個好願
041 不為自己找藉口
046 如何還願？

02

改變社會
由我做起

052 感化自己的力量
056 以慈悲和智慧感動他人
059 和喜得自在
064 化敵為友最好的方法
069 如何看待自己的影響力？
073 慚愧、懺悔的感召力量
079 慈悲沒有敵人
084 立德、立功、立言

03

以布施廣結善緣

090 布施——真正的救苦救難
093 讓心靈更富有
100 以四福轉化心念
105 持戒就是布施
111 以布施對治貪念
114 許好願、存好心、做好事、說好話
117 力行「三好」運動
125 以布施培養福報

04

美好世界
從心開始

130 以心靈環保自利利人
136 現代人的心靈環保
140 以人類心靈淨化為根本
145 化混亂為祥和
149 柔性革命的力量
153 化危機為轉機
158 境隨心轉能轉敗為勝
162 人間淨土就在自己心中

01

有願就有力

好願在人間

發願後，重在實踐

發願的意思，可解釋成「立志」，孔夫子說「吾十有五而志於學」，從十五歲開始，立下做學問的志向。從佛法的觀點來講，願是有層次的，有為個人發的願，有為家庭發的願，有為社會國家發的願，乃至為全世界而發願；更廣大的，則是發起無量無盡的大願心。

如釋迦牟尼佛初發心時，發願要度盡一切眾生，度盡一切眾生後，方才成佛，即「眾生無邊誓願度」，成佛不是最優先的順序，度眾生才是最緊要的事；此外，《心經》講「阿耨多羅三藐三菩提」心，也是發最廣大的大願心。

發願以後，重在實踐，從小處著手，存好心、做好事，才能轉好運。轉誰的好運？我們希望是轉家庭的好運，轉社會大眾的好運，轉這個世界的好運。發願，一定要從我們自己內心開始，從日常生活之中開始許好願。而好願是什麼？使得自己與家庭平安、健康、快樂、幸福，使得我們的社會平安、健康、快樂、和諧，便是好願。

分享好願、好運，力量倍增

但是，一個家庭許好願、做好事、轉好運，固然很好，卻還可以更好，那就是要分享。此時媒體的角色便非常重要，媒體報導，可使好願、好運的力量倍增擴大，使原來一個人、一個家庭的好運，擴大與整體社會分享，使社會大眾乃至於全世界，都一起來轉好運。

發願的另一功能，是使目標集中，確立一個清楚的大方向。比如我從小只想當和尚，所謂「做一日和尚撞一日鐘」，我的本分就是把和尚做好，因此我這一生所做所學，都是為了把和尚做好，這是我終身的目標。我想大眾的目標就是把人做好，好好做人。一生一世，不論在什麼職位、什麼時間、什麼環境，都能夠盡責、負責，就是把人做好；不妨礙人、不傷害人，同時也保護自己，讓這個社會由於我的存在而獲得一些利益，或者得到一些快樂、安慰，這就是把人做好了。

把自己的分內事做好，然後許好願、做好事，便一定能夠轉好運。也許過程之中會遇到挫折，以為自己走錯了路，但是堅持往下走，就會發現柳暗花明又一村。

中國有個「愚公移山」的故事。愚公的家，面前就是一座大山，出入極不便。他因此有個想法，不是自己遷走，而要家人齊心把大山移走。鄰人便笑他，把山移走是絕對不可能的事，但是愚公說沒有關係，我一個人移不走，還有後代的子子孫孫可以接續，相信總有達成的一日。事實上，古來任何一樁大事，大抵都是一代一代持續累積的，我也經常這麼說：「我個人無法完成的事，勸請大家共同來推動；今生做不完的事，冀望未來的一代一代能夠繼續推動。」這樣的時候，我們不論推動任何的好事、大事，一定可以完成。

勸請大眾每一個人，都來許好願、做好事，大家一起轉好運，好願在人間。祝福大家。

（摘自《法鼓山的方向：弘化．好願在人間》）

為什麼要發願？

我們每一個人來到世間，都是為了完成兩大任務：一是為了償債與收帳而受苦受樂；二是為了還願與發願而盡心盡力。

我們在過去的無量世中，造作了很多惡業及少許善業，所以今生受報，雖然有樂有苦，通常是苦多樂少。我們在過去的無量世中，許過不少的善願，所以今生有許多機會讓我們還願。然而不論如何艱難困擾，還願是慈悲和智慧的實踐，也是自動自發、樂在其中的修行。

還願與受報都要面臨苦難，但還願時的受苦受難，是慈悲喜捨的菩薩心行，不同於受報時的有苦有難，是愁怨恐懼的煩惱障礙。

受報是被動的、等待的，所以有許多期待與憂懼。而愁怨恐懼是來自於人不斷貪求的習性，總覺得一定有一個比現在更好的東西，如果得不到就煩惱不已；可是一旦得到時，卻又恐懼失去，或者再度落入追求的輪迴中。而發願是一種把握當下、不計得失地奉獻付出，是一種直下承擔，所以你的心不會總是在衡量自我利益中猶疑掙扎、上下起伏，而是甘願地、平穩地歡喜承擔。

因此，發願不但可以說是一種生活的態度，更可以說是生命的方向。很多人以為生命的方向是要朝向賺錢、當大官或多讀幾個博士才有價值，其實讓自己的身心能夠安定健康，讓社會大眾能夠平安幸福，才是人生的大方向。

我們在受報及還願的今生中，如果能少造惡業、多發悲願，便是福智雙行、自利利人，如此既能提昇自我的人品，也能淨化人間的社會。這便是我們為什麼要發願的最主要原因。

我們所處的這個時代環境，如果以物質生活的條件而言，比起二十世紀的前期，已經富足了數倍，可是我們大家並沒有得到更多的平安和幸福，甚至也找不到生命的安全感及生活的安定力。這是因為人心浮動不安，社會價值觀混淆不清，大家盲目地追求財富、成功、名望、權勢，甚至追求放縱的快樂，以致自己和環境發生矛盾衝突，內心也失去了平衡。許多人都主張和平，卻在高喊和平口號的同時，暗地裡製造衝突及戰爭。因此，我們處在這充滿矛盾的時代，更應該要透過發願來安定自己與世界。

以我個人來說，因少小失學，深知教育的重要，所以曾說：「今天不辦教育，佛教就沒有明天。」因此，我興辦了像佛研所這樣的佛教高等教育單位。而現在我更要說：「不辦以心靈環保為重點的教育，不用等到明天，世間的大災難已在接連著出現了！」所以，我繼而發願興辦法鼓大學。然而興辦一所大學所需的資源很多，難免會遇到許多現實的阻礙，但因為我有願心，所以能夠一一跨越，並尋求因緣來助成。

因此，希望大家不但自己要發願，也要勸勉他人發願，不論是一人滿一願，還是多人滿一願，願願都是為給自己一個難得的機會，願願都是為後代子孫留下一個大好的希望，願願都是為我們的未來播種無量的福田，願願都是圓滿救人救世的無盡大願。

（選自《佛法的知見與修行》）

好願箋

發願是一種把握當下、不計得失地奉獻付出，是一種直下承擔，所以你的心不會總是在衡量自我利益中猶疑掙扎、上下起伏，而是甘願地、平穩地歡喜承擔。

立願的三層次

把握當下，自我安頓

時間是生命中很重要的元素之一，可是許多人卻往往把時間浪費在過去或未來上，而沒有把握當下。對於過去，不是悔恨，就是沉溺留戀；對於未來，不是憂慮，就是有許多幻想；而對於現在，則輕易讓它溜走。因此，在修行的過程與觀念上，都是強調「把握當下」。

中國人也有一句俗話：「百

鳥在樹，不如一鳥在手。」也和這個意思差不多，都是要人們把握眼前所擁有的。因為，過去的已經過去了，再怎麼回想，也無法改變；而未來的根本還沒來，想再多也沒有用，唯有當下才是我們應該珍惜與努力的。只要每一個「現在」都好好充實、不虛度，自然就不會有機會為過去悔恨，因為所有的過去，都是由現在所造成的；也不需要為未來擔憂，因為未來的好與壞，都是由現在所種下的因而結的果。

唯有踏實照顧好當前的每一刻才是最實在的，否則，可能過去、現在、未來三者都會落空。人生苦短，生命中的每一刻都很珍貴，如果輕易浪費，豈不是很對不起自己，也對不起社會？只要能做到「活在當下」，佛也就存在當下。

新年立願改變自己

站在佛教徒的立場來看，新的一年開始應該是充滿希望的。此時要將去年一整年做個總結，看看這一年究竟是「功」多、還是「過」多；並且勉勵自己，未來一年不要再重蹈覆徹，假如今年的「功」不夠多，就立願希望明年累積多一點。

立願有三個層次，第一個層次是民間信仰的層次，就像剛才提到的，到廟裡搶頭香許願，祈求來年五穀豐收、家庭平安、事業順利、國泰民安等，這是一般人都會許下的願望。第二個層次是修行，修行又可以分成很多層次，例如著重於人品提昇的，稱為「修人道」；希望生天的，是「修天道」；立願成佛的，稱為「修佛道」。但最重要的，還是應先將人的本分做好，才有機會生到天道，到天道以後，才有機會成佛。第三個層次是，無論如何都要把握當下與現在，也就是在每一個當下都盡力而為。至於該努力到什麼程度呢？這就要依因緣而定。這是最高的層次。

為社會立下悲願

法鼓山在推行「建設人間淨土」的理念，因為佛國的淨土遙不可及，而人間淨土是可逐漸被實現的，只要人人有信心、願心與誠心，先從自己內心做起，只要內心世界安定了，外在的現實世界也會慢慢受到影響，進而變得清淨平和。既然二十一世紀宗教將受到歡迎、非營利組織將受到重視，這表示將有更多人願意以無償方式付出一己之力、為社會服務，這就是一種善良人心的表現；只要這種人愈來愈多，我們的社會就會愈來愈好、愈進步。

對一位佛教徒而言，對過去應該生起慚愧心，覺得自己不夠精進、有所不足；面對未來，應該要立下「悲願」，即是一般人所謂的「希望」，這個悲願不是為己，而是為社會人類著想，希望將來為社會付出什麼心力。這個願望最好是自己能力範圍內做得到的，不要發空願。最好是每一個人或團體，都發一個悲願。

我想未來一定會更好，因為過去犯的錯以後應該不會再犯，或者，雖然再犯，嚴重性也會減小很多，因為我們已經有了前車之鑑。其實，無論未來將會如何，只要我們常懷一份希望的心，就是我們生活中最好的法寶，可以幫助我們度過任何順境、逆境。

（摘自《不一樣的生活主張．珍惜時間，歡喜迎接新世紀》）

好願箋

只要每一個「現在」都好好充實、不虛度，自然就不會有機會為過去悔恨。

發好願，轉好運

發願、許願，有大有小，有好有壞，但我們希望大家都是發好願，對自己、對他人、對社會、對全世界都有好處的願。由自身開始做起，存好心、說好話、做好事、許好願，大家都這麼做的話，就能轉好運了。我們對別人的祝福要誠懇，用語言和行為真正鼓勵和讚美別人，祝福祈願佛菩薩為他帶來平安、好運。對自己要有信心，不要懷疑。

其實我們每個人都應該守誠

信，無誠信不能取信於人，會造成社會問題，所以說好話、做好事，努力做一個好人是很根本的事。但是，何謂「好人」？何謂「壞人」呢？壞人有時也會做好事，而好人有時也會說壞話，所以我們經常要從內心反省自己、糾正自己，時常說好話、做好事，轉變自己的命運，然後社會的命運也會轉變，整體大環境轉好時，人人就都能受惠其中。我們不能只求自己陞官發財，只希望自己好、家人好，有能力的人應該回饋社會，多參加慈善公益活動。不是只有有錢人才能夠做功德，有錢、沒錢的定義很難下，有的人有一千萬存款，但捨不得布施一分一毫；但有的人雖然沒有多少存款，卻懂得慷慨解囊。

希望諸位把「好願在人間」做為年度努力的目標，不僅在自身、家庭中實踐，也推廣出去，鼓勵他人在任何時間、任何地點都要發好願。當別人說我們的壞話時，請不要反擊，而是要反省，並且勸勉別人說好話、讚美的話、正面的話。人與人相處，口不出惡言，因為口不擇言，不但傷人，也傷害自己。別人傷害你，你不反擊，至少只有一方受傷害；你體諒別人，不想傷害他，所以不用惡言反擊，甚且還以包容、理解的態度來對待他，與他人和睦相處，環境就會變得和諧平安。

（摘自《禪的理論與實踐．大乘禪定的修行》）

轉自私自利的我為功德的我

在人生的過程之中，多半人都覺得有一個目標要去達成，這個要達成的目的是「我」，而正在往這個目標努力的也是「我」。

很多人會問，人生的目的是什麼？我認為，人生的目的是還願和許願，在還願和許願過程之中的就是「我」。

人生的意義是什麼？我認為，人生的意義是負責、盡責，負責、盡責的人是「我」，負的是我應該負起的責任，如果我是國家的公民，就要負起國民的義務、責任；如果我是一個法師，就要負起法師的責任和義務。每個人都可能同時扮演許多不同的角色，你可能是一個太太，也同時是孩子的母親，又是一位女兒、媳婦，在工作場合上則是一個職員……，你有很多的角色，凡是這些角色的責任和義務，都是你。

人生的價值，則是在於奉獻、感恩，當我們有東西可以奉獻給別人的時候，我們會感覺到這是「我」；當我們接受別人的協助，而且願意感恩對方的協助，這也是「我」。

為什麼我們要對做好事的仁人義士給予鼓勵和表揚，因為對社會大眾很有意義，這可以讓大家看到他們對社會的奉獻，以及他們所受到的表揚與鼓勵。在此，感受到被表揚的是「我」，看到人家被表揚的也是「我」。

還願、許願的是「我」，負責、盡責的是「我」，奉獻、感恩也要有「我」，但是佛教也指出，眾生就是因為有「我」，所以產生種種的煩惱，因此特別指出需要有無我的修行。只是一開始就講無我，幾乎是不可能的，必然還是要有一個我，那就不妨把自私自利的我，轉變為「功德的我」。

很多人都知道，把錢放在自己家裡並不保險，因為可能會被小偷偷走，也可能被一把火燒了。所以，有人把錢拿去投資置產，或是把錢存在銀行裡；但是投資可能會蝕本，銀行也難保不會倒債。

究竟要怎麼樣才是最保險的呢？最好的辦法，是把財產儲蓄在所有人的幸福中，那才是最究竟、最可靠的儲蓄。所謂「儲蓄在所有人的幸福中」，就是提供我們有形、無形的財產，包括智慧的財產、體能的財產、時間的財產，為眾人謀福利，幫助其他人獲得利益，這不但水火不能破壞，小偷偷不走，強盜也搶不去，連政府抽稅也抽不到，為什麼？因為財產都釋放給大眾了。這種情形的我，就是功德的我，你付出多少，你的功德就有多少。功德的我是不為自己的私利而傷害他人，而會盡量充實自己的生命，努力於學習，然後把自己所擁有的奉獻給他人。

或許有人會認為這個人好笨、這樣做太傻，自己的錢不用，給人家用；自己的福報不享，給人家享受；自己有時間不好好玩樂，還去做義工奉獻給別人。其實在奉獻的過程之中，自己的收穫反而更大，成長反而更多，這樣的過程雖然也有一個「我」，但卻是「功德的我」。

功德的我是以還願和許願的心主動付出，所以一點也不覺得苦，反而會覺得非常快樂，也因為懂得感恩、奉獻，更覺得所有的努力都是值得的，為什麼值得？因為做了對人有利的好事，生活有意義，生命價值就這樣呈現出來了。

（選自《找回自己》）

好願箋

最好的辦法，是把財產儲蓄在所有人的幸福中，那才是最究竟、最可靠的儲蓄。

為自己的人生許一個好願

有一陣子，美國許多著名企業的執行長被質疑做假帳，造成軒然大波。雖然事件發生在美國，但也值得臺灣反省，我們是否或多或少也迷失在紙醉金迷的世界裡？難道生命的意義與價值，就是為了賺錢、為了求名位、為了爭權奪勢而不擇手段地明爭暗搶嗎？

多數人都貪愛名利，在追求物質欲望的過程中，渾渾噩噩過日子。尤其臺灣社會很容易有一窩蜂的現象，一旦流行什麼東西，許多人都會不加思索地就跟著流行走；無論任何場域，凡是被炒成搶手貨的，大家就會擠破了頭去購買，事實上那些東西，真的適用於每一個人嗎？

既然生而為現代人，就應該要有獨立思考的能力，要用常識去了解，要用智慧去判斷，究竟什麼東西是適合自己需要的，什麼東西是可要可不要的，什麼東西是根本不需要的。如果能具備「我要的不一定是別人要的，別人要的不見得是我要的」這種獨立的判斷能力，便不會在現代物欲充斥的環境中迷失了自己。

可是，有許多人就是喜歡跟著大眾瞎起鬨。如果人的一生，只是順從著多數人的時髦，盲從而沒有自主性的判斷能力，生活便成了真造業、活受罪。

究竟我們該怎麼活著，才有意義與價值呢？就佛教徒的立場來說，凡夫來到這個世間，是來受報、是來還債；佛菩薩來到這世間，則是為了發願、為了還願。我們每個人都有數不盡的過去世，也有不可數的未來世在等著我們。過去我們所思、所說、所做的，會影響我們這一輩子，因此有人卑賤有人高貴，有人貧窮有人富裕；我們現在世的所作所為，也將影響未來世的尊卑與貧富、健康及福壽。

如果能從三世因果的角度來看人生，我們就能明白，何以有人可以一帆風順、左右逢源、一生富貴；有人則是歷盡滄桑，到臨終時還是一無所成。有的人埋怨世間的人海浮沉，沒有道理、沒有是非，只有奸詐權謀。若從眼前的狀況來看，確實是無法求得公平的；但若追溯到往世，知道我們也曾經為善為惡，對於今日的種種際遇，應該就能釋懷了。

但什麼才是我們該追求的呢？成為大企業的老闆？成為受人崇拜的明星級人物？成為公司的高階主管？成為有名望的政治人物？還是成為家財億萬的富豪？

我們必須了解，人生的真正價值，不是銀行帳戶裡的財富，不是股價的高低多少，不是政商資源的多寡，不是受人崇拜的表象。豈不見到或聽說，有的人曾經名震一時，卻利用這些資源圖利自己，到頭來不但毫無價值可言，甚至帶給社會，帶給自己家人種種負面的後果。所以人生的價值，應該建立在社會生命及歷史生命上，對自己的過去、現在、未來，都能做好本分中事，便能對自己的生命有所交代了。

如何才能夠做得到呢？就請你為自己的人生許一個好願

吧！你可以許這樣的好願：「希望我這一生之中，不說謊、不造假、不投機取巧、不損人利己；我願盡分盡責、隨分隨力，使自己健康平安快樂，也使他人健康平安快樂。」

（選自《人間世》）

好願箋

人生的價值，應該建立在社會生命及歷史生命上，對自己的過去、現在、未來，都能做好本分中事，便能對自己的生命有所交代了。

不為自己找藉口

好高騖遠的人，頭腦裡常常動著各種念頭、各種謀略，自認為心懷大志，只是機會還沒到或者是還沒有執行而已。

做事應該要從近處著手、遠處著眼，光是有遠大的志向和願望，而沒有腳踏實地去做，那永遠都是一種虛幻的狂想或妄想，縱然心懷大志，仍然是個無能的人。如果從這個角度來說，應該也可以稱為「懶人」。

真正心懷大志的人，在還沒有

得志之前，他一定還是很實在地生活和工作。就像古代有一些宰相、將軍，在還沒有任官之前，都是做農夫或是工人、樵夫，後來因為被發現，機會到了，才出來任官。但是，當他們在做農夫的時候，不但不會說：「唉呀！我是該做宰相的人，怎麼能做農夫呢？」而且也不會因為是農夫，就畫地自限，心中仍然有大遠景。如果心裡老是幻想著：「我是準備做大事的，才不屑做這些小事。」那麼一定不可能有後來的成就。

除了狂想、妄想外，「拖」也是一種懶的心態。人多多少少都喜歡拖，原本今天該做的事，就想沒關係，反正明天再做還來得及。其實工作應該是要用「趕的」，不能用「等的」。雖然說做事不能急，但一定要用趕的，因為工作如果不用趕的話，通常不容易完成，事情唯有在迫切的情況下，不眠不休地趕工，才能順利把它趕出來。

或許有的人會認為今天做不完沒有關係，明天還可以做；明天做不完，後天再做；即使我自己做不完也沒關係，還可以留給後代做。這都是一種藉口，也是一種懶人心態。我們應該要隨時隨地提醒自己：今天要做的事今天就要完成，因為明天能不能活著還不知道，能夠趕出來就要盡快把它趕出來。

因此佛法很強調精進，譬如「剋期取證」，意思就是要我們發願，一定要在某一個時段完成什麼。很多人都曾發願，願自己這一生之中能完成什麼。但是，願是要去實踐，否則就會變成空願。不過自己發的願通常做起來會比較有動力，只要一開始動，你的願心就可以慢慢地完成。如果不發願的話，大概連自己要做什麼？往哪個方向？做到什麼程度？都不知道。因此，我常勸人要發願，因為發願之後你就一定要做，你也一定會去做，而會努力去完成這個願心。

其實，只要能了解「生命無常、人身可貴」，就能克服喜歡拖延或懶惰的心態。因為生命是無常的，人隨時都可能死。但是我們人身是可貴的，失去了這個身體之後，就再也沒有辦法用我們的身體來完成工作了。所以，在我們還沒有失去人的生命之前，就要好好地運用這個無價的生命，來做無限的貢獻。這樣的話，就能夠激發一個人上進的心並驅除懈怠的心，否則得過且過，認為自己反正就只能這樣過一生，那實在是太可惜了。

人身是可貴的，人的生命是很難得的，並且非常短暫，我們要好好地珍惜、運用它，才不枉費這個寶貴的生命。

（選自《放下的幸福》）

好願箋

很多人都曾發願，願自己這一生之中能完成什麼。但是，願是要去實踐，否則就會變成空願。

如何還願？

現代人的物質生活雖然非常富裕，但是有很多人卻覺得活得很痛苦、很無奈、很茫然，常常會疑惑：「既然活著那麼痛苦，我為什麼還要來到這世上？來到這世上的目的究竟是什麼？」會有這些疑惑，是因為不了解人生目的與人生意義的關係。

人生的目的是許願和還願，人生的意義是盡責和負責。許願是我們過去許的願，這輩子還要再來許願；還願則是過去許的願，還未實踐的、還未兌現的，我們這一生來還願。

一般人從小就有許多夢想、許多心願，但夢想歸夢想，長大以後是否能夠實現，那是另外一回事了。記得我小時候，因為家裡很窮，我媽媽常常為了沒有足夠的錢給我們買衣服穿、買東西吃，覺得很對不起我們。當時，我就許了一個願，我說：「媽，沒有關係，我們現在窮一點，等我長大以後，我一定要賺很多很多的錢，專門給媽媽用。」可是一直到現在為止，我始終沒有實現這個願望。

那麼我要如何彌補這樣一個遺憾呢？只有以奉獻一切給眾生來報答父母的恩惠。如果我們許的願無法在當時實現，甚至到最後都沒有辦法如願，那就幫助其他的人、做對社會有益的事，以此表示對父母的紀念或懷念，這就叫作還願。還願不是為佛裝金身，或捐多少香油錢，而是要實踐所許的願，如果已經無法對那個對象還願，那麼你就用另外一種方式來彌補自己沒有實現的願。

其實許願、還願並不是佛教徒的專利，只要是人，對未來都會有一種期許和希望，常常會想：「如果我可以……，我一定……；如果我能……，我願……。」這就是一種許願。所以，人只要希望有前途、只要認為前面有路可走，一定會有自己的志願和期待。而如果你的願心不僅僅是為自己，也為他人謀福，那會更好、更有價值。

既然你許了願就應該實現，所以許願的目的，就是要你為了還願不斷地努力；努力以後，還要不斷許願，然後在還願、許願之間，你的人品就會不斷提昇。

同樣地，在一生當中，我們扮演許多不同的角色。在家裡，你是個母親，也是一個太太；在公司裡，你可能既是下屬，也是上司；在學校裡，你可能既是老師，也是學生。每一個人同時都扮演了許多角色，而每一個角色都有它的責任，所以你有許多的責任。通常人只要一想到責任，就比較能自我約束，而不會做壞事。因此，西方人有一種觀念，他們認為，單身的人不如有家室的人可靠。這是因為有家室的人責任較大，責任感也就較重，當然這不能以一概全，但是身分的確能讓我們想起自己該負的責任。

負責任是一種健康的心態，是一種良好的觀念。一個不負責任的人，心理不會健康，也不會活得很愉快。如果能夠常常存著許願、還願、盡責、負責、感恩、奉獻的念頭，那麼你的人生一定活得非常有意義，而且非常有價值。

（選自《佛法的知見與修行》）

好願箋

許願的目的，就是要你為了還願不斷地努力；努力以後，還要不斷許願，然後在還願、許願之間，你的人品就會不斷提昇。

02

改變社會由我做起

感化自己的力量

很多人都認為要用道理、方法才能感化他人，所以有所謂「感化院」、「感化教育」等，希望感化那些頑劣不化的人。但如果從事感化教育的人，自己沒有智慧與慈悲，不能以身作則，想要感化他人談何容易！

古人說：「人之患，在好為人師。」大多數的人都喜歡做別人的老師，可是如果自己沒有足夠的智慧和充分的慈悲，又如何教導他人呢？因此我經常自我勉勵，不要急於想要感化他人，應該先用佛法的智慧和慈悲來感化自己、修正自己；之後，方能以身作則，為人表率。

感化自己就是要知慚愧、常懺悔。慚愧是因為自己做得不夠好，希望能夠做得更好、更努力；懺悔是因為知道自己有做錯的地方，提醒以後不要再犯錯。以我個人來說，便是以佛法的智慧與慈悲來感化自己、調柔自己、修正自己、勸勉自己；我經常因為自己所知不多、所學有限，不能為社會做更多的奉獻而慚愧、懺悔，常常自我提醒當更加倍努力；同時，我也自覺無智無德，不足為他人的師範，而對我的弟子感到慚愧和懺悔。

經典中告訴我們，修行大乘佛法的菩薩要到了八地以上才成為無學；而小乘的菩薩也要到證了阿羅漢果後，才是無學。

無學，就是不再需要學習了，不再需要學習懺悔、慚愧。或許會有人說：「菩薩怎麼還會有過失？菩薩還需要慚愧嗎？」事實上，菩薩要常慚愧、懺悔，才會愈來愈精進、愈來愈清淨、愈來愈能夠感動人。

可是偏偏有許多佛教徒都是拿經典來教化他人、感化他人，拿佛法的標準來要求別人。例如我在美國東初禪寺，有一位大陸來的居士，長久以來總是在一旁觀察我。因為他在大陸時有一位師父，告訴他善知識要符合十個條件，所以他就用這十個條件來衡量我，量來量去似乎永遠不滿意。後來他參加了我主持的禪七，禪七期間我告訴他們：「我很慚愧，我很懺悔，我只能以佛法來感化我自己，我感化不了人，我以感化自己來勉勵自己。」他聽了以後受到很大的震撼，而且很受用，於是來向我懺悔，從此不再拿著標準來量人。

佛法是來幫助我們修行的，不是拿來度量人的。可惜很多人不僅以佛法度量人，並且以世間的道德標準來要求人，卻不能以身作則，如此不但不能以佛法幫助自己，又怎麼可能對別人有助益呢？

（摘自《佛法的知見與修行．從〈普門品〉談如何自助助人》）

以慈悲和智慧感動他人

有人會抱怨家庭裡的成員不夠好、不能滿自己的願；或覺得社會混亂，人心不安定。總認為別人都變好，自己就安全了，其他人都變得認真、負責，自己就幸福了；總是期待他人，認為只要別人都好，自己就有福報，但卻忘了自我要求，反省一下自己是否也滿了別人的願？

佛法提醒我們，修行應該從自己做起，以自己修學佛法，學習到的慈悲與智慧來感動他人，而不是要求他人，這才是最可靠的。智慧並不等於聰明、伶俐、反應快，或者是懂得很多知識、學問；佛法所講的智慧，是指不受煩惱所困擾，不因無明起煩惱，即使身處逆境，也能自在心安。

我常說：「用智慧處理事，以慈悲面對人。」例如最近發生的校園殺人事件，兩個女生為了搶男朋友而發生悲劇，其中不論被殺的或殺人的都是受害者，還有那位男孩子也是受害者。因為他們從小沒有接受佛法智慧與慈悲的教育，沒有佛法的正知正見，才會演變至今，他們的問題也反映出整個社會的問題。而只要有一個人犯了錯，就會造成社會上的不安，站在佛法的觀點，這是我們共同的業力所形成的，每個人應該都有一份責任。所以，我們要用慈悲心來看待他們，但是處理事情時，還是要以智慧來評斷，不能感情用事，以免因一時情緒衝動，有所偏頗而造成將來的遺憾。

這個世界需要佛法，自己實踐佛法是最可靠的，希望人家做到是不容易的。如果大家都能用智慧來處理事、以慈悲來對待人，自然能夠產生力量感動他人。

（摘自《佛法的知見與修行・從〈普門品〉談如何自助助人》）

和喜得自在

「和喜自在」，這句是吉利的、吉祥的話，但我們希望這四個字，是大家能夠都照著去實踐的，這個「和」是指要和樂、要和諧，請問是誰跟誰和？是我們自己要跟自己和，自己不要跟自己矛盾、不要跟自己衝突，自己的內心不要矛盾衝突，自己跟自己要和諧，自己與其他的人也要和。通常的人總是希望別人跟我們和，實際上應是我們自己要跟他人和，和的方式是指我來配合你、我願意來傾聽你、我願意來協助你、我願意來為你服務，甚至我是為你而活的、我是為你而存在的，若能如此，不論誰與誰之間，就一定會快樂，這就是喜悅了。

如果彼此不和，我們自己不願意跟別人和，只是希望別人跟我們和，和的機會就是很渺茫的了。自己和了之後，要跟另外的人和，在家庭跟家人和，在工作職場裡有同事、部下或者是上司，在社會上與我們有關係、有接觸的人，我們都是用「和」來跟他們相處。

諸位一定聽說過「家和萬事興」，也聽過「和氣生財」，這兩句大家都會講，但是，跟他人接觸時，就會生氣而不是和氣，那就會生不了財囉，如果在家裡不和，而想跟他人和，這是不可能的事。我們希望家庭中先和，就是夫妻和、跟自己和、跟兄弟姊妹和，家族之間要和。提到「家和萬事興」，我們法鼓山是一個大家庭，大家都說師父是法鼓山的大家長，既然我是你們諸位菩薩的大家長，那每位菩薩是不是就是兄弟姊妹呢？因此我們互稱為師兄、師姊。

我對任何一個人，都視為自己的家人，因此我們內部一定要和，然後對外也要和，我希望從現在開始，請諸位菩薩，一定要記住：一定要和。當你生氣的時候，你就想，嗯，我應該要和的啊，怎麼生氣了呢？生誰的氣呢？生自己的氣就是說我自己跟自己的不和，生別人的氣表示跟別的人不和，不論人家對錯，對的，你很感謝他，錯的，你就原諒他、諒解他、包容他，然後再轉變他，這就是你的「和」了，用「和」是一種最好的辦法，絕對不要起衝突，衝突是最糟糕、最不好、最沒有智慧的辦法。

「喜」，就是歡喜，如何歡喜啊？我們在學佛，運用心靈環保、心五四運動，覺得實在是太難得了，所以說我們太歡喜了。能夠和氣的人就一定能歡喜，也就是法喜充滿。過年的時候都會互說：大家恭喜、恭喜你，恭喜什麼啊？恭喜發財，要和氣才能生財，如果你不和氣，卻恭喜人家發財，財是不會來的。所以一旦要生氣的時候，一定要馬上想到要和氣、不要生氣，首先須從我們自己做起、從家庭做起、從我們法鼓山團體做起，不論哪個人彼此之間，如果缺少「和喜」兩個字，都要自己好好地慚愧，要好好地懺悔，且把它改變過來，你就能夠感動人。

我們不是要感化人，而是要感動人，用什麼感化自己呢？

用「和喜」兩個字感化自己，能夠感動人、感化自己，就能得自在。一個是心的自在，一個是身的自在，我們人與人之間相處得和諧時就會快樂，就能得自在。「自在」的意思是指不會受到困擾，這就是自在；雖然有人做錯了事，做錯事的人是很可惡的，好像希望整他一下、罵他一下或恨不得揍他一下，但你罵他、揍他、恨他，並沒有用處，而是要感動他，這股力量才是最大的。你感動他以後，他也和，他也喜，你也和，你也喜，然後彼此都能自在，你自在，他也自在。自在的意思不是放肆，而是我的內心不受困擾的影響，不被困擾，不管是什麼狀況出現，都能用慈悲、智慧來處理，用慈悲來對待人，用智慧來處理事，那就自在了。

（摘自《法鼓山的方向：弘化．二〇〇四年新春賀詞》）

化敵為友
最好的方法

在我所提倡的「心五四」運動中，「四感」是與人相處時的四種主張——感恩、感謝、感化、感動。其中，「感動」的意思是指，以智慧來處理事、以慈悲來對待人，以勤勉、謹慎、恭敬、謙虛、寬容的態度，凡事從自己以身作則，自然能夠產生力量感動他人。

可是，只要存有想感動別人的念頭，心中就一定有特定對象，也會產生期待；一旦期待落空，就會覺得挫折、無奈。但如果只是單純地幫助他人，心中沒有特定的對象，也不在乎做了以後會不會有人受到感動，只是默默地行善、助人，別人反而會因此受到感動，而跟著一起做。

例如，一般人在下班後或假日，都會去看電影、逛街，或上館子大吃一頓。可是我們出家人，一年三百六十五天都沒有放過一天假；出家人一無所有，沒有自己的財產、家屬、事業，既不是為了自己的兒孫，也不是要陞官發財，只是為了弘法利生的事業而忙碌，這種單純為了奉獻而付出的無私精神，常使許多人受到感動。

可是我的本意並不是要使人感動，因為和尚的本分，就是服務眾生，所謂「做一日和尚，撞一日鐘」，我只是盡自己的責任而已。我不應該跟一般在家人一樣放假出去玩，也不會和別人計較：「你們常有假期，我都沒有，好可憐哦！」我不但不會這樣想，反而會非常感謝大家給我機會奉獻。

我也經常對我的弟子們說：「我真是感恩你們！我對你們沒有恩，是你們對我有恩。」我對他們的感恩心，是根據佛法的觀念而來的，也就是所謂的「三輪體空」——如果沒有受者的成就，也不能圓滿布施的因緣，所以要感謝他們給我培福的機會。我的弟子聽我這麼說，心裡都非常感動，心想：「明明是師父辛辛苦苦地在教我們、幫我們，為什麼他還要感恩我們呢？」他們被感動之後，心靈因此受到啟迪而轉變，更願意主動幫忙，發心奉獻。

另外，也經常會有人攻擊我，雖然被打擊時會難過，可是我不會感到怨恨，或是想要報復。相反地，當打擊者需要我的協助時，我還是會協助他們，不會藉機報復。這樣一來，他們便會生起慚愧心，當慚愧心生起時，就是被感動了。

但是我幫助他們的目的，並不是要感動他們，而是我本來就應該這麼做，我只是在實踐佛法的精神，而實踐佛法的結果，往往會感動他人。

更進一步說，在日常生活中，不要隨便為了一點小事，就看這個人不順眼、看那個人不順眼，就罵這個人、恨那個人，即使是對方有錯，還是要諒解他。尤其有些人無法接受他人的指責，你一罵他，他就會和你結仇。對於這種人，我們不能用斥責的方式來解決問題，也不需再多費口舌和他辯論，只要包容他、慈悲他，和他做朋友就可以了，久而久之他自然就會受到感動，覺得和你作對是不應該的，雙方就會從敵人漸漸成為好朋友。

要化解人與人之間的衝突，最有效、最好的方法，就是用佛法的精神感動人，「感動」，真是化敵為友最好的一種方法。

（選自《從心溝通》）

好願箋

如果只是單純地幫助他人，心中沒有特定的對象，也不在乎做了以後會不會有人受到感動，只是默默地行善、助人，別人反而會因此受到感動，而跟著一起做。

如何看待自己的影響力？

人生存在世間，都不是孤立的，而是與周遭息息相關。我們活在世間應該要先找到立足點，再一層一層地擴展思考層面，一直探索到最廣大的人類歷史。因此，我在做任何事之前，都會考慮到事情的影響力。先思考它對我們團體有什麼好處？再思考它會為未來社會帶來什麼好處？對臺灣有什麼好處？為整個世界帶來什麼好處？因為我是人類歷史上的一分子，所以，我還要更進一步考慮，自己對歷史有什麼交代？對人類有什麼交代？

不要以為自己沒有名望、沒有地位，對歷史好像沒有影響力，這是不對的觀念。我曾在《讀者文摘》（*Reader's Digest*）看過一篇文章，提到有關蝴蝶效應，就是在巴西亞馬遜河的一隻蝴蝶搧動翅膀，就會引起一連串的反應，結果在美國德州引起大颶風。巴西與美國距離滿遠的，怎麼可能產生如此大的反應呢？這就是所謂的「效應」。一個微小的動作，會影響周圍的環境，改變的環境又會再影響它周圍的環境，一層一層地影響下去。

這讓我想起有一次，我在佛羅里達州一位居士的家裡，他的游泳池裡有一個氣球，我就在池邊輕輕地按、輕輕地按，游泳池的水就緩緩起了波浪，波浪一層層地漸漸擴散到游泳池的四周，然後再彈回來；我再輕輕地動幾下，它又退回去，我再輕輕地動幾下，它又彈回來；就這樣子一直來回互相激盪，風浪就愈來愈高。

其實我根本沒用多大的力氣，但是它的波浪卻愈來愈高，當時我就告訴弟子們：一個小小的動作，就會影響整個水池的動態；其實我們一個小動作，甚至一句話，也是一樣，都會影響另外一個人，如果讓它持續擴展下去，影響的人更多。

因此，不要以為自己只是個小人物，不會影響人，就不在意自己的言行舉止。在辦公室裡，如果你能當好的示範，你就是菩薩；如果不能，那也是菩薩，只是你扮演的是魔鬼的菩薩。

此外，我們不要專門看別人的缺點，他人的缺點是我們的鏡子，他人的好處則是我們的榜樣；如果總是看別人的缺點，心裡只會感到痛恨，一點用也沒有。如果別人有缺點，你可以幫他改善，這是好事；但如果因此心生怨恨，而把他視為「眼中釘」，那你自己也會很痛苦。你想拔掉別人，別人也希望拔掉你，那就只有相互較勁，看誰的力量大。無論是你拔掉他，或他拔掉你，最後都會淪為怨怨相報，都不是好事情。

（選自《帶著禪心去上班》）

慚愧、懺悔的感召力量

一個人如不知慚愧和懺悔，便是不知自我反省、不知自我檢討、不知自我認識的人，這種人的內心是沒有光明的。光明具有照亮的作用，能對自己了解，也對周遭的人事清楚，即是「知己知彼、百戰百勝」的道理。

為什麼知己在前，知彼在後？因為一個人如果對自己不夠了解，只知自己的優點，而掩蓋自己的缺點，就容易誇張了優點，變成驕傲、自大、自以為是的人，不但把自己的心光遮住，也容易歧視他人，這是愚蠢的人，必然不受歡迎，除非是基於利害關係，才會有趨炎附勢者的簇擁，否則這種人是不能以德服人的，並且由於自心無光明，也就不能以悲智照亮他人。

在一次禪七修行後的檢討會上，有一位非常優秀的知識分子，他才三十多歲就當了教授，他報告說，在參加禪七前，他自認為是很有道德、很有品格的好人，而且他周遭的人，也如此認同他；但在打完禪七後，才發現自己不是那麼好的人。因為過去他只知以自己的觀點去幫助人，很少考慮到對方真正的需要，忽略了被助者內心的感受。在禪七中師父開示，要尊重他人、體諒他人，不要把自己穿慣的鞋子給所有的人穿；他這才自我反省，原來過去的助人，其實只是在膨脹自己。

我讚歎他說：「你本來就是一個好人，在參加了禪七修行之後，更進一步，懂得自我反省、自我檢討，助人的存心會變得更踏實了。」他答覆我：「慚愧！慚愧！」

一個人在修行之後，能夠自知慚愧，懂得自我檢討，會使他的人格更為提昇，能使小的心光，變成巨大的光明，使感動人的力量更大，從而對他人產生道德感召。

民初四大師之一的印光大師給他自己一個封號叫「常慚愧」，意思就是經常覺得自己很慚愧。連一代高僧如印光大師，都常覺得慚愧，更何況是一般人呢？

在了解慚愧的意義後，請常用這個方法來反省自己的一切言行，那麼我們心地的光明便會愈來愈強，心光愈強，對自己及他人就愈有益。例如做母親的在教導孩子時，常常會在跟孩子講道理卻無效的情況下，動手打孩子，但往往在情緒較平復後，便後悔原先的舉動，此時如果能向孩子說明自己動手打他的緣由，並表明對自己的行為感到慚愧，孩子的憤怒、恐懼便能得到緩和。至於孩子的這一方，在被母親打了之後，也不應心生怨恨，而當反省自己，因為不當行為而導致母親的傷心難過，也應向母親表達他的慚愧心。

親子之間，如果能夠相互常存慚愧心，即使有任何衝突不愉快，也能化干戈為玉帛，親子的關係會趨於和諧，家庭便能安定、溫暖，對孩子的教育也較易成功。夫妻之間如果也能常存慚愧心，一定會是圓滿和樂的。

但僅具慚愧心還是不夠的，需要更進一步，要懂得懺悔。佛學上對「業」，有兩個專有名詞，那就是「白業」和「黑業」，白的是善業、是功德，黑的是惡業、是罪過；白的是光明，黑的是黑暗。懺悔就是要把黑的漂白，讓白的更白，變成光明，照亮自己也照亮他人。

心中如果有見不得人的事，面對它，承認自己的不是，心中的負擔、壓力會因而減輕，這便是懺悔的功能。當自覺惡業很重的時候，懺悔之後，身體會比較健康，心理會比較輕鬆，這就是轉黑暗為光明。

懺悔除了承認自己所犯的錯誤，還要進一步承擔起責任和後果，並下決心從此改過遷善，不再犯同樣的錯誤。可是一般的凡夫，經常犯錯而不知錯，即使知道了，還以「人非聖賢，孰能無過」這句話來自我安慰一番，像這樣不知改錯的人，叫作不知懺悔。一個知道懺悔的人，也一定是知道慚愧的人；因此知慚愧後一定要懺悔，懺悔了就一定要改過，從此不要再犯同樣的錯誤。

懺悔的作用相當大，能使人的品德提昇，自己懺悔錯誤，也能影響他人跟著學習。懺悔錯誤之後的人在心理上的壓力自然減少，同時來自社會的壓力也會減少，所得到的果報也會減輕，對於家庭的幸福、事業的發展、社會的和諧，亦有無限的裨益。因此，我們應當常常保有懺悔心。

（摘自《平安的人間・開發人人心中的光明》）

慈悲沒有敵人

常常有人認為，我是一個慈悲的法師，似乎什麼人都能幫忙到底。今年春天，就有人找我要錢，我不給，他便說：「你是法師，為什麼不給我錢？」

我問他：「你為什麼找我要錢？」

他說：「因為我沒有錢，而你是法師，所以向你要錢。」

我說：「我沒有錢，有錢，也不應該給你。」

他說：「哪有這麼不慈悲的和

尚？」

給錢必須有智慧，我並不隨便給錢。這個人身體滿好，年齡也不大，明明可以工作，為什麼跟我要錢？我的錢，是人家做工賺來的，是人家省下買菜、家用的錢來捐給我們的，我怎麼可以給他拿去喝酒、抽菸、看電影或做其他更壞的事？所以，這錢我絕對不給。

於是，那人就對我講：「師父不慈悲啊！我這樣的人跟你要錢，你竟然不給。」

我說：「我不能濫慈悲，請你原諒了。」

有智慧，才能真正行慈悲。智慧就是沒有個人，也沒有對象，只有「事」——這件事應該處理、應該做、必須做、值得做，就去做，沒有特別一定為誰而做。

內在以智慧為基礎，外表以慈悲來表現，慈悲的意思，就是救苦、濟貧、救難、救急，這些也需要有智慧。貧，可以救，但不能只是去救貧，要更進一步幫助他，教他如何變得「不貧」，才是根本的解決辦法。救「苦」——病苦、老苦、種種的苦，我們要用物質的、觀念的、關懷的、安慰的方法，幫助他「離苦」。救「難」，是他人有了災難，我們要立即伸出援手；救「急」，當對方處在危急之中，我們要立刻幫助。

「慈悲」是幫助所有的人。我們法鼓山有一句共勉語「慈悲沒有敵人」——心中沒有仇恨的人。這有兩層意思：

第一，雖然他是我的敵人，現在他陷入困境要死了，我要不要救他？救起來之後，他可能仍是我的敵人，那麼，到底還要不要救？站在佛法的立場，救的並非敵人，而是一個有危難的人。我們救難、救急，並不做敵人想，所以，一定要將他救起，這是第一層意思。

另一層意思就是，如果你有慈悲心的話，敵人也會變成你的朋友，變成你的道侶、你的善知識。我們不要對任何一個眾生失望，以慈悲心待他，必定能感化對方。

至於以什麼方法來感化他們？一是教育，二是關懷，兩者都必須仰賴智慧。我們常常聽說「金剛怒目，菩薩低眉」。菩薩低眉，是慈悲；金剛怒目，也是慈悲。所以在寺院之中，常見四大天王站在三門，英姿威武，喝阻妖魔鬼怪接近。三門正中，又見彌勒菩薩笑臉迎人，歡迎大家光臨，二者都是慈悲。因此有時候，師父也會罵人，仁王也會用兵。

「福慧圓滿，同成佛道」就是《金剛經》所說的，唯有慈悲與智慧的圓滿，始能成佛。也就是希望一切眾生皆能有智慧，也皆能有慈悲，以智慧行慈悲，繼續不斷地直到成佛為止，這就是從「菩薩道」進入「佛道」的修行。

（摘自《福慧自在．緒言》）

好願箋

有智慧，才能真正行慈悲。智慧就是沒有個人，也沒有對象，只有「事」——這件事應該處理、應該做、必須做、值得做，就去做，沒有特別一定為誰而做。

立德、立功、立言

在一般人的觀念裡，所謂成功，就是要有大事業、大名望，而且還要地位高、財產多，有許多群眾簇擁著他。這種人，大家才認為他是成功的人。

其實，想要獲得這樣的成功，說難很難，說容易也很容易，表面上看起來並非每一個人都能做到，但又好像人人都有機會。以我為例子，我能在無線電視頻道上為大家說法，好像很不容易，所以很多人就認為我是成功的；可是，這並不表示其他人做不到。而且這就算是成功嗎？恐怕值得深思。

到底成功的定義是什麼呢？孔子以「立德、立功、立言」做為成功的準則。所謂「立言」就是能提出有道理的見解，讓大家有所依循，並獲得正面的效果。其實要想做到立言，也不容易。他必須有思想，還要有所創、有所立，而非僅僅做個傳聲筒而已。

「立德」的「德」是道德、德行的意思。無論是心性、品性，或是待人接物、處事態度，只要能對大眾有利，對社會人群有利的，就是立德。所謂「君子之德風，小人之德草」，君子立德是樹立一種風氣、典範來影響別人，從影響一群人、一個社會、一個國家，乃至影響世世代代的許多人。

「立功」則是在適當的時機做出正確的事，造福大多數的人，立下了汗馬功勞。

這三者之間，立功是可表現的、有形的，別人很容易就可以看到或知道。它和「德」不一樣，德是一種影響力，雖然無形，但有力量。而立言是用言論來影響人，可以是立功，也可以是立德。能做到這三種，都算是人生的一種成就；且不論影響多寡或功勞大小，都是成功。

所以如果以這三個原則來論成功，則人人都有機會成功；相對地，目前社會上很多所謂的功成名就者，就算不上成功了。很多有大事業的人，他不一定道德很高；名望很高的人，講話也不一定有道理。因此不能只從金錢、地位來判斷一個人的價值，名望高、地位高，權利大的人，對社會不一定有功勞，對歷史不一定有貢獻，真正的成功應該是建立在孔子所說的這三個標準上的。

對大多數人來說，要做到「立德、立功、立言」好像很難、很遙遠。其實，「立德」只要不愧對自己的良心，遵守道德的行為，那就是「立德」成功；「立功」就是我們要幫助他人，如果所作所為都能夠利益他人，也就是「立功」成功；「立言」就是在觀念上或語言上，能夠安慰鼓勵別人，甚至影響他人改過遷善，那我們就是「立言」成功。以這樣的標準來看，人人都可以「立德、立功、立言」，人人都可以是一個成功的人。

（摘自《找回自己．心安理得就是成功》）

03

以布施廣結善緣

布施

真正的救苦救難

佛教有一個名詞叫「四攝法」，其中有一項是「布施」，意思是和別人結緣，不論是自己的財產、時間、智慧、技能，甚至是自己溫暖的心，都可以用來與人廣結善緣。

布施和一般所謂的樂善好施不同，樂善好施大多只是布施醫藥、食物、金錢等日常用品，像是到災區去救濟災民，就是以生活所需的物資來布施，布施完了之後，就沒有後續的輔導。可是「四攝法」中所說的布施，除了提供對方所需的物資、生活必需品外，還要在精神層面上，幫助他們淨化觀念，讓心靈得到成長。這就好比有句話說：「給他魚吃，不如教他如何釣魚。」讓別人有飯吃當然很好，但如果能進一步教會他種稻耕田的方法，能夠自行生產糧食，不但能自給自足，還可能有多餘的食物分送給其他需要的人，這不是更好嗎？

先師東初老人所創辦的中華佛教文化館，四十多年來一直辦理慈善工作不斷。我們每一次做布施，不只提供物資，也會分享一些佛法的觀念給他們，安慰、鼓勵他們說：「你們今天能來領取這些物資是很好的，千萬不要以為接受救濟是很丟臉的事。有人要幫助你們，而你們來接受幫助，這是彼此互為因緣，這樣的互動非常好。你們能以這種心來接受幫助，將來一定會想要回饋的，所以彼此間並沒有任何虧欠。」經過這樣觀念的提昇後，漸漸地，很多人的生活觀就有了改變。當他們在生活情況獲得改善後，多半也會一起來參與我們的慈善工作。

因此，運用佛法來布施，可以開拓涵蓋面、提昇精神面，把一個人從困難中救脫出來之後，還要引發他的同情心，讓他覺得其他受困者也應該得救；除了自己離開苦難，還要幫助別人也離開苦難。這樣做不但讓受布施的人放下心中種種的障礙、煩惱，還能號召他們一起來參與服務工作，共同修行菩薩道，這才是「四攝法」所說的真正的布施。

（選自《從心溝通》）

讓心靈更富有

布施是付出，更是收穫

如果一個人連飯都沒得吃、衣服沒得穿、房子也沒得住，你要和他談其他的東西，大概不切實際，所以財布施是基礎。當一個人已經有飯吃、有衣服穿、有房子住時，還不覺得安全、滿足而感到非常空虛、貧窮時，這是精神上的貧乏，和前面提到的物質上的貧窮，都稱為窮人。因此，除了財布施之外，還有兩種更重要的布施，我們稱為

「法布施」和「無畏布施」。

「法」的意思是觀念和方法，例如，我們所提倡的心靈環保，就是要從一個人的心理健康、心理衛生或精神武裝著手，從觀念上來導正。如果僅是物質上貧窮，並不是真正的窮人；物質上貧窮，心理上更貧窮，那才是真正的窮人。有些人物質上貧窮，心理上卻不貧窮，我們還是認為他富甲天下。為什麼是富甲天下呢？因為他的心量能夠包容天下，所以是富甲天下，是真正富裕的人。因此「法布施」的意思，是從觀念上給人幫助。「法」本來是指「佛法」，也可以解釋為觀念、思想，或理想、理念。

什麼是「無畏布施」呢？「無畏」的意思就是不會恐懼、害怕，沒有不安全感。我們在任何時間、任何情況下都可能沒有安全感，例如，亞洲影后陸小芬小姐曾對我說：「法師，請您把我放在一個安全的地方。」我說：「我怎麼做你都不安全，只有你自己在觀念上轉變才會安全。」陸小姐因此學了佛。

無畏還有一個意思：別人和你在一起時覺得安全，那就是無畏。你什麼東西都沒有給他，但是你的人格健全，而且隨時隨地都能伸手幫助人，隨時隨地準備給別人心理或生活上的指導。很多人不一定需要你物質上的幫助，有時你的一句話、一個觀念，指點他一下，他馬上茅塞頓開。本來好像有一座泰山擋在他面前，使他走投無路，你的一句話讓他從此海闊天空，這就是無畏布施。

無畏布施和法布施有點不一樣，法布施一定要講話，無畏布施則不一定，有可能只要在他旁邊，他就覺得很安全。也就是只要跟你在一起，就不怕其他人欺負，因為你有智慧、有才能、有慈悲。做無畏布施的這個人在人格、智慧上，都能夠使人感覺安全。

付出是一種享受

講到功德，往往會有迷信的觀念，好像做了一件事情，就有功德存在什麼地方。究竟存在哪裡？有人說存在天國；有人說存在未來，下輩子再把它借回來用；有人說存到西方極樂世界，到成佛的時候用。這種觀念可以說正確，也可以說錯誤，粗淺來說，那是以物質的形相去衡量功德。

佛經很多地方提到功德，而我對於功德的理解是心有所得。付出的時候覺得很愉快、很富裕，這就是功德。這是一種享受，對自己是一種提昇；自己的人品提昇、氣質提昇，人格也提昇，不管別人是不是把你看得更高、看得更大都沒有關係。人由於心裡有許多貪念，因此把自己的心、人格都壓得很低。如果我們只是付出、布施，心裡就會很輕鬆，不是說覺得無愧於天、無愧於地，而是說自己無所求。付出本身是一種享受，這就是功德。

菩薩布施的精神是三輪體空，也就是布施以後，沒有想到自己做了什麼好事，也沒有想到對方是不是會回饋。還有，對於所做的好事在心中沒有牽掛，否則會有很多不平衡。例如做了一件好事，後來出門的時候遇到大雨，就看著天說：「老天怎麼這樣對我！」還有些人做了一輩子好事，最後卻意外過世，他們和眷屬心裡都很不平衡：為什麼做了一輩子的好事，卻沒有得到好報呢？他的功德到哪裡去呢？其實這是兩回事，做好事的時候，功德本身已經存在，而不是用來抵帳的。對於這點，我們在談的時候，每個人都能了解，但是當自己在布施的時候，可能就會考慮自己能不能得到功德。

施比受更有福，受比施更高尚

佛教認為，人與人之間互為因緣，一個是布施的人，一個是受布施的人，受布施的人往往是為了協助你才接受你的布施，他不一定需要你的布施。「你不知道布施給誰？那我就接受吧！成就你喜捨的心，這也是幫你的忙。」我們不能說接受的人沒有福，他是為了成就別人，這個層次更高。

（摘自《不一樣的佛法應用．布施的喜悅，捨得的歡喜》）

好願箋

如果我們只是付出、布施，心裡就會很輕鬆，不是說覺得無愧於天、無愧於地，而是說自己無所求。付出本身是一種享受，這就是功德。

以四福轉化心念

四福也是心五四運動之一，包含知福、惜福、培福、種福。

知福，是知道自己還有一口氣，就有無限的希望，這就是有福報的。還有，人們常說「人生不如意事十常八九」，那麼如果真的遇到了不如意的事時，到底是如意還是不如意呢？所謂如意是意料中的事發生了，既然人生正常狀況是，十件事之中有八件或九件不如意，那麼發生不如意的事時，不就是如了你的意嗎？能這樣想，就叫作知福。這不是自討苦吃，而是當遇到困擾的時候，你還是要歡喜，不要痛苦、不要難過、不要忿忿不平，那你真是有福的人。

怎樣才是有福的人？煩惱少就是有福的人。有的人認為有錢有勢就有福，有兒有女就有福，其實不一定。有財有勢、有兒有女本來是福，但是你明擺著福不享，卻要自尋煩惱，就變成一個沒有福的可憐鬼。為誰煩惱呢？為兒女煩惱、為鈔票煩惱，還有為地位高低煩惱。一心想要往上爬，爬不上去的很煩惱，已經爬上去的，又怕別人把你拉下來；其實能夠爬上去很好，爬不上去也沒什麼。此外，兒孫自有兒孫福，我們只要好好照顧他們、關心他們，不用為他們擔心。關心，是慈悲、是愛，這是有福的。所以，對孩子應該要關心，但是不要擔心，否則你的頭髮會白得快一點，就沒有福了。

惜福，就是珍惜自己的福報，將它儲蓄起來，然後分享給其他的人。有的人是在財務方法盡量節省，然後布施給其他更需要的人，有的則是將自己知道的佛法分享給其他人，這都是惜福的作法。而一個懂得惜福的人，就能培福。

有的人花錢一擲千金，因為是自己賺的，所以就用得理所當然，但是要他布施則是一毛不拔。這種人是有多少福就享多少福，既不惜福，也不能培福，就好像過路財神，鈔票在他的手上過一過就走掉了，像這種有福盡量享的人，其實是沒有福的人。而且任意享福的人也會招惹很多麻煩：第一，其他人會眼紅、會嫉妒；第二，是糟蹋自己，因福享多了，身心會腐化，到這種地步時，根本已不叫享福，而是損福。

惜福以後要能培福，如果自己知道沒有福，應該要種福。如何種福呢？要多積福德。有錢可以做功德，沒有錢，我們還有身體，身體也可以做功德，譬如布施時間來做義工。即使你什麼都沒有，你還有嘴巴，可以用口來隨喜讚歎人家、鼓勵人家，這也是積德、也是種福。如果你口不會講、身體不能動，那還有一顆心——感同身受的隨喜心，譬如看到或聽到有人念佛的時候，心生歡喜；看到有人布施的時候，心生歡喜；看到有人做善事的時候，生歡喜心；這也算是種福，這叫作隨喜功德。隨喜功德，有的是自己參與一份，有的雖然沒有辦法參與，但是心裡充滿歡喜，說：「能做這個真好，如果我有能力，我也要做。」

這就是能從我們內心清淨、精進、慈悲做起，然後影響我們周遭的人，包括親人、朋友、所有我們關心的人，還有整個的社會，這就是建設人間淨土。

（摘自《聖嚴法師教淨土法門・第四章　念佛的功能：同時完成三種淨土》）

好願箋

惜福，就是珍惜自己的福報，將它儲蓄起來，然後分享給其他的人。有的人是在財務方法盡量節省，然後布施給其他更需要的人，有的則是將自己知道的佛法分享給其他人，這都是惜福的作法。

持戒就是布施

「布施」含有戒的意思在內，所以在家居士受的五戒名為「五大施」，包括不殺生、不偷盜、不邪淫、不妄語、不飲酒。為何稱為布施？是因為持五戒的人把「無畏」的精神布施給眾生，眾生因而獲得安全，於是持五戒者就使眾生得到了無畏，布施眾生安全感，是非常大的功德。

我們持不殺生戒，不是對一個眾生，而是對一切眾生持守。不偷盜，是不偷一切眾生的財物。所以，別人因我們持五戒，便會得到安全感。例如吃狗肉的人，狗會怕你，所以咬你。沒有殺生心意及念頭的人，任何動物看到你都不會害怕。

二十年前，我帶了幾位青年去訪問一個山村，要經過一條小路，那裡有戶人家，院門上掛了「內有惡犬」的牌子。我根本沒有看見，因為穿過這戶人家的後院，路比較近，所以我就走過去，也沒有狗咬我。我後面有位青年，他見了內有惡犬的牌子，心中就想：「惡犬出來，我就給牠一棒子。」他心中這麼想著，還沒來得及給狗一棒子，狗已經把他咬上了。

毒蛇也是一樣。我曾經遇到毒蛇，無心踩到了毒蛇而且從牠身上走過，蛇也沒有咬我，因為我沒有看到蛇，也沒有看到蛇就給牠一棒子的念頭。我踩到牠後，牠看看我，我只有抱歉地說：「對不起啊！踩了你了。」

許多人都怕鬼，為什麼？因為你沒有和鬼結善緣，沒有給鬼布施。你如果經常誦經布施，迴向冥陽一切眾生，也就會和鬼結緣，鬼便成為你的護法神，就是見到鬼也不必怕。

所以持守五戒的人，心中未起犯戒的念頭，縱然偶爾也會誤殺微細眾生，但是沒有關係，因為他根本沒有殺心，而眾生因自己的業力被持戒的人殺了，持戒的人根本不知殺了眾生，這是沒有關係的。對眾生來說，遇見持戒清淨的人，會把你看成木頭、石頭，或是和他自己一樣，不會對他有傷害。所以，這就是安全感的布施。

除了持五戒算是五大布施之外，還有財施、法施。此三種之中，以財施最易，其次是無畏施，最難的是法布施。如果以菩薩精神發了菩提心的人來說，能夠布施而不布施，算是犯戒。但是，世界上錢很多的人往往沒有財力的布施，沒有多少錢的人往往有錢布施。

有一次，我遇到一位很有錢的人，我問他：「像你這樣有錢的人，應該多做功德、多布施啊！」

他就對我說：「法師，你聽說我有錢，其實我沒錢，我總是欠別人錢。」他向我舉了個比喻說：「我泡了五杯茶，但是只有三個蓋子，我常常要把這三個蓋子移來挪去，否則茶就冷掉了。我好辛苦，我真的沒錢，我欠銀行的錢好多啊。如果我不欠錢就不能做生意，所以我是一個欠債的人，我不是有錢的人。」

我仍不放棄機會，給他建議：「你有五個茶杯三個蓋子，何不把它變成兩個茶杯，不是多出一個蓋子來了嗎？」

他說：「法師，你不懂什麼叫作企業，企業就是沒有錢也要做，只有三個杯子的錢，要做五個杯子的事。現在我是騎虎難下，即使我要把五個杯子的事業變成二個，別人也不肯。幾個人靠我一人生活，變成二個杯子，好多人便會失業。」

他講的也是有道理，有錢的人沒錢布施，但是，我的信徒之中有很多人的生活只夠吃飯，還常布施。有一位企業家，到寺院中鼓勵信徒：「我們在有生之年裡，有錢有能力的時候，如果不布施，等到我們沒有錢的時候，便後悔莫及。生不帶來，死不帶去，不做布施做什麼？」經他這麼一說，好多人都布施了，大家就看著他，他卻沒有布施。

他說：「我布施了。我的工人和職員都靠我吃飯，我布施給他們了。」

他講的也有道理，大企業家也做慈善事業，也算布施，不是用他們個人的錢，是用公司盈餘的錢。以他們的知識及能力來助人，也是布施。

但是，布施之中，物質的布施固然重要，以佛法的布施更重要。先要讓人安身，然後讓人安心。安心則比安身更重要。安身是以財力、物力、技術、知識等幫助人，也可以用我們的體力及時間來幫助人。但是，信佛學佛的人，應該也要用佛法的知見和修行的方法來幫助人。所以我們應當護持佛法、供養三寶，就是大布施。學佛的人，就是不該為自己利害得失斤斤計較，應當設法救濟他人的苦難。即使僅能告訴別人這種觀念，也就是法布施了。

（摘自《佛法的知見與修行．成佛的法門》）

以布施對治貪念

貪念會帶給我們許多的煩惱，該如何幫自己除貪、解毒呢？

用布施來對治貪，是最好的辦法。所謂布施，就是捐出自己擁有的財力、物力，來幫助別人度過難關，甚至還可以布施自己的時間、智慧，或利用自己各式各樣的資源協助他人。當我們能多為別人設想、為他人謀求福利，往往自己的收穫更多。

以我個人為例，我本是個一無所有的出家人，可是當我看到有許多人生活得很痛苦，為了幫助他們改善環境，我就開始想辦法募款，結果有愈來愈多和我有同樣心願的人出來支持我，在眾人的成就下，建設了法鼓山。法鼓山並不是我個人的，而是屬於社會大眾的。

由於我的付出，共襄盛舉的人也愈來愈多，聚集的力量也愈大，能做的事情也就愈來愈多了。這就如同老子所說的：「既以為人己愈有，既以與人己愈多。」也就是說，如果我們愈能夠奉獻，自己擁有的就愈多，而且不用刻意，它自然而然就會來了。

這就好比井裡的水，取用的人愈多，水源就會源源不絕；如果捨不得供人取用的話，井裡的水永遠都不可能再生。同樣地，如果不捨得把自己擁有的財產給人，不僅財產不會增加，還會被罵是守財奴，而且也會為了錢該怎麼處理、運用，死了以後又該給誰而擔心，反而徒增痛苦。

所以，如果真的想布施，即使沒有任何東西都沒關係，因為只要發了願心，並且努力去爭取、去製造，加強自己的能力，結果一定會有東西可以布施。真正的布施是奉獻給眾生，心中完全沒有回收的期待，也沒有貪心，這樣才能達到智慧圓滿、福德也圓滿的境地，就像釋迦牟尼佛一樣。

（選自《放下的幸福》）

許好願、存好心、做好事、說好話

很多佛教徒在許願時，都是願生西方極樂世界，其他宗教則是願升天國。然而，我們法鼓山提倡「心靈環保」和「建設人間淨土」，因此我們許的願，是希望建設我們的人間淨土，使我們的社會更祥和、更安定、更富裕，所以我們許的就是「好願在人間」，我們希望大家先建設好人間，然後再到天國、再到西方淨土去。

我們所謂的「好願」，實際上就是存好心、做好事、說好話，然後使整個社會的命運跟著轉，如果我們自己也這樣來許願，我們的命運也會轉。

如果讓「心隨境轉」，是沒有智慧的人；要讓「境隨心轉」，才是有智慧、有慈悲的人。我們許好願，就是要使我們的心轉；心轉，外面的環境也會隨著轉，所以說會轉好運。

所謂「說好話」，首先是不說惡話，不說挑撥離間、無聊的話，以及「口出刀劍」的話，而要說讚歎的、恭敬的、謙虛的、誠實的話，以及關懷的話，這些話都是好話。

那「做好事」是做什麼好事呢？不管是舉手之勞，或是一句美言，這都是在做好事。小小的好做得多了，就會變成一個大大的好。如果我們少數人做好事，進一步影響其他多數人都來做好事，那我們這個世界的人，都會是做好事的好人，這樣的話，我們的世界就是人間淨土。

（摘自《法鼓山的方向：弘化．許好願、存好心、做好事、說好話》）

好願箋

我們許好願，就是要使我們的心轉；心轉，外面的環境也會隨著轉，所以說會轉好運。

力行「三好」運動

從自己開始說好話

祝福雖是好話，但要看內容，如果僅僅說「我祝福你」，這只表達心裡的一種關心。說好話的目的，不僅讓人家有益處，也對自己有好處。實際上，鼓勵他人做好事或是分享自己成長的歷程，這就是好話。我們希望大家一起「說好話」，分享自己的生活體驗，把對自己有成長、有利益的事，說出來影響他人，讓他人也得到好處。

今天的社會，講好話的人太少，做了好事也不見得會說出來。其實，好話很有影響力，好事也很容易做，問題是有沒有說出來？有沒有去做？現今的社會，大家關注的焦點似乎都放在政治人物和媒體的新聞上。因此，我們要改善臺灣的社會環境或是個人的命運，要從「說好話，做好事」開始。

說壞話、聽壞話，是許多人的劣根性，這和道德良心都有關係。現今的社會，似乎認為道德是一種腐敗、落伍的觀念，有良心也是多餘的。

如果我們站在「自我」的立場看待任何事，只考慮自我的立場，完全以「我」為出發點，這就會出問題了。

說好話要以身作則，從自己做起，再影響他人。不管是政治人物也好、媒體也好，大家都有責任。我們市井小民雖然只有一點力量，也是可以踏實地做起。

有所為有所不為做好事

所謂好事，就是不傷害別人，而且對自己有益，對他人也有益的事。這和說好話是相同的意義，因為好話不是空話，而是有一定的實質內涵。同樣地，凡是對自己有益，對他人也有益的語言以及身體行為，就是做好事。

好事不怕小，累積了就變成大好事。能利益千萬人的事，就是大好事。例如有時候我們對小生命，存好心給它一條生路，這對社會不見得有多大的影響，但是對個人的人格、性格、慈悲心的養成有很大的幫助。當我們用慈悲心來對待小生命，它就是件好事。所以在日常生活之中，舉手之勞就可以做好事。

對我來說，好事是種目標，目標本身就是好事。最初是一個想法、一個理念，然後付諸行動。起初認同的人或許不多，但漸漸地，響應的人就多了。早期我在臺灣提倡環保，鼓勵大眾盡量少燒香、不燒紙錢。剛開始遇到許多批評，但我堅持這個原則；經過三十年，能接受的人愈來愈多了。我這件好事一開始許多人不贊成，慢慢的就有一些人跟著學習與接受。所以，做好事是不會寂寞的。

好運、壞運，存乎一心

最近有一位老人家，看了我的傳記後很受感動，於是來看我。他第一句話說：「法師，你小時候命比較不好，現在你的命比較好。」我則回答：「小時候是歹命的小孩，現在是歹命的老人。」從他的角度看，好像我小時候不好，現在就好了。但從我的角度來看，小時候我並不覺得苦。

一般人認知的好運是妻賢子孝、富貴夫賢，或是陞官發財、平步青雲、一帆風順；若是遇到一些挫折、阻礙或打擊，就覺得運不好。事實上，「運」是主觀的認定，不是客觀的標準，就如俗語所說，「塞翁失馬，焉知非福」和「失之東隅，收之桑榆」。又如老子，是從逆向來看待事情，例如當人爬到頂點的時候，反而不利；有時在谷底的時候，反而是最安全的。這是中國人的哲學，但一般人認為有錢有勢是好運，一窮二白是壞運，其實不一定。

我曾在紐約街頭遇到一位流浪漢，在垃圾桶撿拾被丟棄的麵包，而且吃得津津有味。他認為這樣的生活最快樂、最自由。所以，究竟這是好運，還是壞運？我覺得完全存乎一心，自己覺得很快樂、很自在、很安定、很安全，就是好運。

許多人都希望極樂世界會出現，但這需要大家共同努力，極樂世界才會出現。人間淨土只是一個觀念中的淨土，在現實人間是不可能出現的，因為每一個人都有七情六欲，不可能那麼清淨。但如果我們有這個心願，並朝著這個目標去思考、努力、實踐，從少數人的努力變成多數人的努力，就會更接近我們的目標。

對一個家庭來說，也是相同的道理。個人可以「存乎一心」，覺得是好運，但家中的其他成員覺得沒有飯吃、沒衣服穿，覺得很痛苦，那就不一定是好運；若家中每個人都充滿希望、樂觀，努力奮鬥，那這個家庭的氣氛，雖然窮卻很有朝氣。我記得剛到臺灣時，物質很拮据，但大家很有朝氣，有一股希望。因此，我們要轉運，應先從個人觀念的轉變開始，並形塑成一種風氣；當風氣形成之後，整個社會的觀念自然會轉變。

我曾經在非常艱困的狀況下，全身動彈不得。那時候，我形容自己是一個被五花大綁之後，還能夠打太極拳的人；意即在動彈不得的狀況下，我的心還在運動。在這樣的狀態下，外在的環境雖然已經使我的困境達到極點，可是我的心不受影響，還是好運。我把自己的心轉過來，我的運也就轉過來。

最後我祝福大家，並希望大家要將「說好話、做好事、轉好運」付諸行動。從「自我」做起，如此做好事不忘了「我」，說好話不要忘掉自己，就能靠自己來轉好運。

（摘自《不一樣的環保實踐．力行「三好」運動》）

以布施培養福報

如何培福呢？最重要的就是關懷社會、利益人群。至於關懷自己的兒女，關懷自己的太太、自己的丈夫、自己的父母，算不算培福？算！因為佛教講的「福田」——即種福、培福的田地，也包括自己的眷屬、親友在內，當然一切眾生、國家社會，以及師僧三寶都包括在內。因此，支持宗教事業、護持宗教事業、推動宗教事業，是培福；孝養父母、栽培子女、關懷國家社會、盡義務、盡責任，是培福；對於一切眾生給予安和樂利，也是培福。所以種福的範圍包括一切人，親疏不論、厚薄不分，只要有人需要，我們就要去做。

不過，我們都是凡夫，種福培福還是要從我們周遭的人做起。有一些人聽到法師說供養三寶是最上的福田，結果把兒女的教育費、零用錢扣下來供養三寶。請問諸位，這樣做對不對？如果真的這樣做，可能會引起兒女對佛教的排斥和反感，反而害了佛教，不是真的種福。

如果小孩子本來愛吃零食，叫他少吃一點零食，把買零食的錢省下，捐給需要的人，同時告訴他說，種福、供養三寶、救濟貧窮，是非常好的一件事，以此培養小孩對三寶的恭敬心和對人類的同情心、愛心，這樣才不會有反效果。所以，種福也需要有智慧，否則會招致對佛教的破壞和毀謗。

《金剛經》裡有一位長者叫作「給孤獨」，是一位非常有錢的人，他把財產供養三寶、救濟貧窮，對於鰥寡孤獨、無依無靠，以及貧苦急難的人給予救濟，這才是真正有福報的人。

把自己和自己家庭的福報和許多人共同分享，等於是把自己的福報儲存在銀行裡，也就是我們所說的儲存到「無盡藏」。假如你只有一百塊錢，但是你說：「我沒有特定的對象，這一百塊錢，誰需要它，我就給誰，幫他一點忙。」用這種心態布施的功德，就叫作「無盡的功德」，就是「無盡藏」，為什麼？因為沒有特定的對象，一切的人、所有的人都是他布施的對象，雖然只有一百塊，也許幫助了一個人，但是功德卻是無窮無盡的。像這樣沒有一定對象地幫助度化眾生，這就是無盡的功德，也就是在度無量的眾生。

（摘自《福慧自在・第四講 《金剛經》與福慧自在》）

好願箋

把自己和自己家庭的福報和許多人共同分享，等於是把自己的福報儲存在銀行裡，也就是我們所說的儲存到「無盡藏」。

04

美好世界 從心開始

以心靈環保
自利利人

心靈環保

心靈環保這個名詞，雖然是我新創的，它的內容，其實就是以觀念的導正，來提昇人的素質，除了能夠不受環境的影響而產生內心的衝擊之外，尚能以健康的心態，面對現實，處理問題。因為人的心境，往往會受環境中的人、事、物的誘惑及刺激而隨著波動起伏，輕者受到干擾，重者喪失自主。如果有了心靈的防禦措施，處身在任何狀況之中，都可以保持平靜、穩定、自主、自在的心境了。

做為一個人，都應該具備三個層面的修養，那就是身體的、心理的、精神的。通常稱之為身、心、靈的健康。可惜的是一般人僅能注意到自己的身體是否健康無病，往往疏忽了心理是否平衡自在，連帶著也忘記了精神層面的修養。因此，若處於平順的境遇中時，當然能夠揮灑自如，不會覺得有什麼不能克服的難題，如果遇到連番的逆境現前之際，就難免要唉聲嘆氣了。心靈環保的功能，便在於使我們養成一種得勝不驕傲、失意不喪志的習慣。可是對於一般人而言，勝而不驕者已難、敗而不餒者更難。有了心靈環保的工夫，便是有了精神修養的基礎，因為世界上並沒有絕對和永遠的勝利者與失敗者，只要因緣改變，狀況立即改觀。一時的成功並不等於永遠有保障，一時的失敗也不等於永遠的絕望。因此，大家都知道說「以平等心看待」，便屬於心靈環保的層面。

諸位一定知道，佛教是主張有因果觀念的，通常的說法是「種瓜得瓜，種豆得豆」。實際上光是如此說，是有問題的，因為不種瓜當然不得瓜，不種豆當然不得豆，可是，如果種瓜種豆而不得其法、不得其時，又不得其適宜的土壤、水分、陽光、肥料等，那麼，種瓜種豆就不一定得瓜得豆了。所以在佛法之中，除了因果定律，必須配上因緣定律。也就是說，凡事凡物一切現象的形成，從因到果的過程之中，尚有待以各種自然及人為因素的促成；其中主要的條件，稱為「因」，配合的條件，稱為「緣」。從最初的因，到最後的果，只是有其可能性，並沒有一定的必然性。以此可見，因果觀必須配合因緣論，才是正確的現象論。

正因為從因到果，並沒有一定的必然性，個人的因素固然極重要，外在的因素能否如個人所期待的那樣配合，也極重要；個人的自主因素，有時候也可能出現意外，外在因素的不確定性，則更難以掌控了。因此，我們對於自己的命運，只能希望最好，卻無法保證最好；只能朝向最好去做努力，卻也不得不做最壞的預防。否則，過分的樂觀，過分的悲觀，都是跟因緣論的原則背道而馳，都不是成熟健康的心態。

觀念及方法

心靈環保，就是在於心理的平衡及人格的穩定，除了觀念的導正，尚須有方法的練習，否則，在平時的心理雖很健康，一旦遇到難以抗拒的刺激和誘惑等各種陷阱，自己就會不自覺地跳了進去；或者遇到重大的阻力、打擊、挫折和委屈，也會不能自主地陷入無底的悲苦，而失去重新站起來的自信心。曾經見到有一些朋友，他們不僅讀了不少心理學的書及人格修養的書，甚至有的本身就是心理治療師或者也出版過類似勸世格言的書，但當麻煩臨頭、情感糾纏之際，仍不免陷入所謂「天人交戰」的悲苦之中。

至於如何練習成心理的平衡及人格的穩定？首先是從觀念的調整做起，它的步驟可有四種：1.凡事應做正面的認知，便可避免負面的危機和悲觀的情緒；人生的旅途，總是有起有落的，但那都是前進的過程。2.凡事宜做逆向思考，便可做到勝而不驕傲，敗而不氣餒；成功而升至巔峰之際，要有走向下坡的心理準備，失敗而降至谷底之時，宜有攀登下一個極峰的願景在望。3.凡事應知進退有度，能收能放而收放自如，古人說「窮則獨善其身，達則兼善天下」，也就是說能有機會舒展抱負，奉獻天下，應該當仁不讓，竭盡全力，積極進取，萬一時運不濟，屢戰屢敗，那就養精蓄銳，以圖未來。4.不論成敗，宜將自我的私利和私欲看空，要將對於國家、民族、乃至全人類的安危禍福的責任，一肩擔起，這便是一個有智慧和慈悲的人了。

（摘自《致詞・心靈環保》）

現代人的心靈環保

以健康、快樂、平安的身心，照顧自己、照顧社會、照顧大自然，使得我、你、他人，都能健康、快樂、平安地生活在同一個環境之中，便是現代人的心靈環保。

環境保護，這個名詞，雖然在二十世紀之末，就已經傳遍全世界，特別是科技文明發達的先進國家，凡是有識之士，都已發現，由於經濟資源的過度開發，造成了人類生存環境的快速惡化，包括自然資源的快速消耗及汙染，生態資源的快速減少及消失，例如：由於熱帶雨林遭到大面積的開墾，以及各種機械排出的廢氣，加上各種生產事業造成的許多汙染源，以致形成了全球性的空氣汙染、水資源汙染、土壤汙染，也使得南北極的冰帽在急速溶化，海平面的水位快速升高，綠地沙漠化的面積愈來愈大，人類賴以生存的地球環境，愈來愈接近毀滅性的危機。所以要提倡環境保護運動。

但是，由於人類的自私自利之心，根深柢固，明明知道，破壞環境、製造汙染是自害害人的事，一旦遇到跟自己的現實利益衝突之際，或者有機會可以滿足自己的私欲之時，便會容易忘掉公益，便會不顧後果的遠憂，便會只管得到手就好，充其量只問有沒有犯法，會不會被罰，卻不容易考慮到破壞了生態、汙染了環境，對其他的人有什麼不好，對自己生存的大環境有什麼壞影響，對後代的子孫有什麼危機。因此，我常提醒世人：今天生活在地球村中的全人類，就像是生活在同一個錦魚缸中的許多條錦魚，只要有一條魚拉了屎，汙染了缸中的水，受汙染的是每一條魚，包括拉屎的那一條魚在內。

由於人的自私心，原是生物求生存的本能，可是人類以科技文明破壞自然環境的速度太快，惡化的幅度太大，也為地球環境帶來空前的大隱憂，雖然那種隱憂的結果，也是自然規律的制衡，卻是嚴重地威脅到人類生存空間的大災難。

因此，我們要提倡心靈環保，呼籲全人類，都能以心靈環保的原則，建立健康正確的人生觀，也就是自利利人的價值觀，要讓自己、讓他人，都能得到健康、快樂、平安的身心。好像一同乘坐在地球環境的一條大船上，所謂同舟共濟，各自以其不同的身分、不同的智能、不同的場域、不同的角度，來照顧自己、照顧他人、照顧社會環境及自然環境。

（摘自《學術論考．從東亞思想談現代人的心靈環保》）

好願箋

以健康、快樂、平安的身心，照顧自己、照顧社會、照顧大自然，使得我、你、他人，都能健康、快樂、平安地生活在同一個環境之中，便是現代人的心靈環保。

以人類心靈淨化為根本

一般人都知道追求生活環境、社會環境、自然環境的安全、安定及美化，偏偏忽略了心靈的淨化才最重要。人的行為之所以會破壞自然、汙染環境，其實乃是由於人的心態出了問題。大家光想征服自然，而主張人定勝天，卻忘了人心不能節制，破壞了環境，必然會自食其果。因此，我們是以心靈環保來導正人類價值觀念的偏差，再以禮儀環保來提高人格的尊嚴，以生活環保來確保生活的簡樸，以自然環保來保護生態的生生不息。以此四種環保，保障人類現在的生命安全，也保障人類子孫的生存綿延。

為了完成四環運動的任務，我們又自一九九五年起陸續推出了「安身、安心、安家、安業」的四安運動。在同一個時期，我們也推出了一個「四它」的方法，來幫助大家積極而又自在地生活在智慧中，那就是遇事皆用「面對它、接受它、處理它、放下它」的態度來因應。到了一九九八年三月，我們在臺北國父紀念館舉辦「我為你祝福」三場演講，便推出了另外的三項運動——

四要：「需要」的才要，「想要」的不重要；「能要」且「該要」的才要，不能要且不該要的絕對不要。

四感：「感恩」使我們成長，「感謝」給我們機會，用佛法來「感化」自己，用行為「感動」他人。

四福：時時「知福」，處處「惜福」，常常「培福」，永遠「種福」。

也就是用四安、四它、四要、四感、四福五種方法，來完成以「心靈環保」為首的四環運動，總名稱之為「心」五四運動。也相信這個「心」五四運動，正是二十一世紀全球人類所共同需要的社會運動。因為凡是有些遠見的現代人，都已預知二十一世紀的科技文明進步之快速，會極度地驚人，科技的進步已經無法約束，它為人類帶來的命運，究竟是禍不是福，對於地球資源的損耗及自然環境的破壞，難以想像。若再不從人類價值的轉化，人類心靈的淨化著手，而以人文社會的關懷來制約並引導科技的發展，使之為人類服務而非把人類帶向毀滅。

由此可知，我們推展「心」五四運動的大任務，將在二十一世紀的地球上，扮演非常重要的角色。相信諸位法鼓山的鼓手們，一定會把這面「心」五四運動的大法鼓，敲醒人間大眾，敲遍地球世界。因此，我們會將「心」五四運動，配合法鼓山的三大教育——大學院教育、大普化教育、大關懷教育的實施，整合成為一個全面教育，可以稱為「精神啟蒙運動的生活教育」。我們諸位菩薩，都是這個教育體系內的學生兼老師。自己修學練習，也把心得分享他人，帶動他人修學練習。人人終身學習，人人將所知所學的終身奉獻他人，才能確保我們這個地球世界的平安。

「心」五四運動之中沒有一個是佛學的專用名詞，淡化了宗教色彩，便可讓具有各種民族文化及宗教背景的世界全人類共同使用。但是「心」五四運動的內涵，即是佛法的心法，那不是宗教的信仰，而是淨化了的人文社會的價值觀及其實施的方法。它可以深入佛法，卻未必會與任何其他的民族文化及宗教背景相牴觸。所以，這項運動必將是可久又可大的。願我們一同來努力推廣吧！

（摘自《法鼓山的方向：萬行菩薩・受恩、知恩、感恩、報恩》）

化混亂為祥和

每個社會都會因為民族、宗教、政黨、行業的差異，造成想法、作法、表達意見方式的不同。在這種情況下，生活在同一個大環境中一定會產生妒嫉、猜疑、衝突等狀況。同時，世界的潮流是多元的，每個地區也都會受到世界環境影響而變動，如此種種都容易造成社會的動盪，臺灣自然也不能倖免。

如果分析臺灣社會動盪的原因，會發現其實很多事件都是亂中有序，事出有因、周而復始，而使得環境一直在變，這是「動」，不是「亂」。

如何因應這種變化快速、複雜的社會環境呢？我的建議是，能夠不動就不動。例如：大家一窩蜂說某部電影好看，非看不可，自己沒看過就顯得落伍；哪首流行歌曲好聽，自己不會唱，甚至也不知道有那首歌曲，好像就不夠時髦。如果因此而跟著大家追逐流行，就不免心浮意亂了。其實，只要自己不為所動，就不會被捲入類似的漩渦中。

風氣是創造出來的，因此人們可以想出新的觀念，或新的風格來取代、改善現實混亂的環境。譬如我們法鼓山提倡「心靈環保」，強調觀念轉變、心靈健康、心靈淨化，這對大多數人都有用，不論是不是佛教徒，不限定哪一種宗教，如果能從自己著手來改變混亂的風氣，社會亂象就會少一些。

心靈環保是一種內心的反省，反省自己的內心世界。例如，凡是自私的想法，便會跟別人衝突，到頭來也會讓自己受到衝擊，讓自己不舒服；所以，為什麼要使自己痛苦而不讓自己快樂呢？最好是放棄自私，以開放的心胸接納他人，化解痛苦轉為喜悅，不要讓自己的心被汙染、受傷害，這就是心靈環保。

一般人通常會以自私心來保護自己，但這是不可靠的，反而因此會受到更多的傷害，感受更多的痛苦。心靈環保不但可使自己快樂，也會令他人快樂；使自己健康，也會使他人健康；使自己平安，也會使他人平安。

面對臺灣的未來，我們不必太悲觀，因為事在人為。「心靈環保」的觀念提倡以來已有十多年，至今已廣受肯定，受用的人很多，許多人也在接觸後，改變了人生觀，獲得勇氣面對現實，人與人之間的相處、互動，也不再只有無奈、失望、失落、沒有安全感等，而是和諧、溫馨、寬容、體諒。這些事實證明了，我們的社會仍有向上提昇的力量。

要化混亂為祥和，應先從小團體開始，慢慢擴大到大團體。換言之，從個人、家庭再到社會，個人的心理健康、觀念正確，家庭就能和樂，社會也能平安。

（選自《人間世》）

柔性革命的力量

中國人有一句非常自私的話，就是「各人自掃門前雪」，還有一句「推死人過界」，後面一句的意思是不要在我個人的界線裡有個死人，如果有人死在自家門口，就把他推到其他人的範圍裡，與自己無關，這非常自私。

「心靈環保」就是要祛除這種私心、私念與私欲。其實目前很多的環境問題，例如每逢颱風或豪雨，臺灣就有土石流與淹水的問題，這都是過度開發及濫墾濫伐所造成的，而這些行為就是因為人們只為了一己的私利及貪心而產生的。

參與法鼓山的人有將近一百萬人，每個人多多少少都有改變，有時只是一句話或一個觀念，對某人很受用，他就會將這個觀念再傳播出去。例如有一位美國醫師聽到「面對它、接受它、處理它、放下它」的觀念後，就用這句話勸慰他的病患，或逢人就和對方分享。他覺得這句話很受用，知道許多煩惱都是自尋煩惱，因為能解決的問題，就想辦法去處理；如果真的無法解決，煩惱也沒用，所以放下它，煩惱也就沒有了。他雖然在形式上沒有正式成為志工，但是他主動推廣好的觀念給許多人，實際上和志工所做的事沒有兩樣，這類的人很多，難以計算。

其實人只要在一念之間改變自我，世界就會跟著改變，外在世界或許還是那樣，但是自己看世界的眼光不同了。有許多人就是自制力不夠，例如在觀念上明明知道要做環保，但誘惑出現時，還是會破壞環境或浪費資源，所以「心靈環保」強調的是保護自己的心不受環境汙染或困擾，這樣就很少有機會去破壞環境了，這也是我們一直在努力的方向。否則，我們也沒有公權力來制止那些濫砍伐森林或破壞山坡地的人；如果我去制止他們，可能不是被趕走，就是被毒打一頓吧！既然如此，我可以從觀念上來努力宣導，假如有人認同我，他們也會再向其他人宣傳，進而慢慢影響更多的人。

世界上有許多大事業的成功，有些是採取激進的手段，有些則是以「柔性革命」的方式，像釋迦牟尼佛及耶穌就是後者，他們不使用武力手段也一樣能成功。所以，我個人也是追隨著「柔性革命」的路線，這樣的改革速度雖然慢一些，但過程會比較平順，不會暴起暴落。因此「柔性革命」是最深入人心的一種方式，而且會產生一股巨大的聚集力量。

（摘自《不一樣的環保實踐．大自然的溫柔革命》）

好願箋

人只要在一念之間改變自我，世界就會跟著改變，外在世界或許還是那樣，但是自己看世界的眼光不同了。

化危機為轉機

法鼓山所推動的「心五四運動」，是展現人文關懷最主要的重點。其中最重要的是「心靈環保」，那是指觀念的轉變和導正。

所謂觀念的轉變，舉例來說，我們一般人的觀念都是不喜歡遇到困難、挫折，都希望自己順順利利，不要有逆境出現；也都會祝福人家一帆風順、平安發財、步步高陞，不但祝福別人，也希望自己能如此。雖然也會說「勝敗乃兵家常事」，但是沒有人會喜歡失敗，遇到挫折、失敗時，都會很沮喪。當面對勝利、順境之時，又覺得很有成就感，非常地得意。

有一句話說「世間不如意事十常八九」，我們每一個人當然都不希望不如意，可是大環境是我們無法掌控的。所以如果事前已經盡心盡力，避免讓不如意的事情發生，即使真的碰上了，既然已經知道「不如意事十常八九」，遇到不如意事反而成了預料中事，那不就是另外一種「如意」嗎？如果能用這種態度面對處理，心態上就不會那麼無奈，或者是痛苦了，這就是一種觀念的改變。

但是，大多數人都是在平穩、平靜、安定的環境中成長，不容易養成堅強的意志力；相反地，在不斷地遇到種種逆境、挫折挑戰中成長的人，較能夠經得起風浪。

我就是在逆境中走過來的人。諸位現在看到的都是我風光的一面，沒見到我在美國紐約做流浪漢的時候，沒見到我被人落井下石，當成落水狗一樣的時候。我這一生，可說是在挫折中走過來，是在被重重的打擊之中、阻擾之中走出來的，但是當初那些困擾我的人，其實都是幫助我的人。因此，我很感恩我的生命歷程中，能夠有這麼多幫助我的人。

我經常抱持一個信念：山不轉，路轉；萬一路也不轉呢？那就人轉。如果當你的身體行動也不能轉的時候，該怎麼辦呢？那就心轉，這就是法鼓山心靈環保非常重要的一個核心。

念頭一轉，能讓心保持常寧靜，而且方向正確，雖然態度是柔軟的，意志卻是堅定的。而且「留得青山在，不怕沒柴燒」，未來還是充滿希望的。

在九二一震災發生後，我曾勉勵全國所有受災受難的大眾：當我們還有一口呼吸在的時候，就有無限的希望。這也就是我前面所說的，心念不要被當前的環境狀況所困擾，而要能隨時等待轉機。

大多數人都是危機來了才害怕，平時沒有「危機意識」；如果沒有危機感，危機很可能馬上就降臨。因此我常說，危機不是問題，沒有危機感才是問題。

中油董事長陳朝威上任之初曾經來拜訪我，形容他自己好似坐在火山口上，而且不只是一個火山口，因為中油的油管設施相當多，不只一、兩處，而是幾千處，一不小心隨時可能發生問題。但是他有危機感，所以他知道哪些問題是最重要的，最需要解決的。

當時我問他：「你恐懼危機嗎？」他說，如果恐懼，就會不敢面對；必須知道危機、面對危機，才能防止危機的發生。所以在他上任後就處處去看，隨時預防危機的發生。就是因為他勇於面對，所以至今中油的運作都很順利。

這就是心靈上、觀念上的一種改變，不怕逆境，不怕危機，化危機為轉機，這是非常重要的。

（選自《文集》）

境隨心轉
能轉敗為勝

問●社會環境意見紛亂，我們常常「心隨境轉」，局勢亂，人心也亂了。如何在亂世裡保持清明安穩，做到「境隨心轉」呢？

答●「心隨境轉」、「境隨心轉」這兩句話，我經常拿來勉勵自己，也用來為信眾、弟子打氣。通常，我們凡夫都是會心隨境轉的。

舉例說，大多數的人不喜歡下雨。比如法鼓山正在整地興建學校，只要看到天空烏雲密布，包商和工人就愁眉苦臉，因為一下雨，再等地乾，至少兩天不能工作，工期就會延宕，成本也提高了。所以，因為個人的利害和所處狀況，人的心情就會隨著這些條件而變化，這就是心隨境轉。

但是，同樣是下雨天，作家琦君女士在一篇散文裡，卻說她喜歡下雨天呢！因為她會想起小時候，下雨天躲在母親懷裡聽故事的情景。她一樣一樣地把下雨天的溫馨回憶舉出來，她的內心也因為下雨天而出現一幅幅美麗的圖畫。下雨天對她來說，真是太好了。這也是心隨境轉，心隨著外面的環境，轉到好的方向去了。

生活裡充滿這樣的例子。有的人明明知道沒有辦法跟別人競爭，試一下卻幸運得勝，敗部復活，讓他非常高興；有人明明實力很強，但競爭結果沒被錄取，內心非常痛苦。這都是心隨境轉。

「境」包括人、事、物，都可能影響我們的心情起伏。受外界因素影響心情變化，是非常痛苦的事，但真能做到「境隨心轉」嗎？事實上是不太可能的，因為人、事、物都是外在環境，天有不測風雲，個人力量很難完全掌控。但是，我們可以改變自己面對環境的態度，收伏起落不定的心情，也就能轉劣為優，轉敗為勝。

我有個信眾在海邊用有機方法種稻，但去年連連發生問題。先是出現福壽螺，接著又有蟲害，當他以為收成無望時，害蟲的天敵出現，兩、三天就把問題解決了，後來稻子收成不錯。他學到經驗：任何事都要往好處想，往壞處準備；能解決就解決，不能解決就面對它、接受它、處理它、放下它。

有一位瓜農，木瓜還未收成前就被焚風破壞了。我跟他說，靠天吃飯的人，天給飯吃要感謝；天不給，也不用恨，因為這不是人可以掌控的事，但心情卻是自己可以掌控的。

不要天真地以為人定勝天，環境一定會照人的心意而改變，能改變的其實是自己的態度。如果今年收成不了木瓜，明年就什麼也不種，這樣到了最後就什麼都沒有了。

（選自《方外看紅塵》）

人間淨土就在自己心中

常常有人問我：「法師！你什麼時候才可建好人間淨土啊？」我說：「你這樣問我，會使你很失望的！因為我的人間淨土是處處建、時時建。如你能在這一念之間建淨土，在這一念之間，淨土就在你面前；如果你下一念生起惡念、口說惡言、身做惡事，下一念中人間地獄就在你面前出現了！」因此，我講的人間淨土，不是找個社區，大家一起來建設它，而是在我們個人的日常生活中，時時提起菩提心，深信自己心中有佛性；從心念清淨、口業清淨、身業清淨著手做起。

我們是凡夫，不可能完全清淨，所謂「江山易改，本性難移」，無量劫帶來的煩惱習性，使我們在日常生活中的言行裡，會不經意表現出來。但是請你不要在發現不清淨時就討厭自己，「不怕念起，只怕覺遲」，一旦發覺缺點時就提醒自己說聲慚愧，下次不要再犯，若再犯時就再懺悔；經過不斷慚愧、懺悔、改惡向善，煩惱習氣就會減弱。只要知錯能改，身、口、意三業自然漸漸就會清淨了！

了解佛法之後，就能隨時在心平氣和的情形下生活，對自己與他人的問題都能接受、面對以及諒解。我有一對學生是夫妻，每次吃蘋果就要吵架，做太太的吃蘋果時，怕皮上沾了農藥有毒，一定要把果皮削掉，而先生則認為蘋果皮有營養，把皮削掉太可惜了，結果兩人吵到我這裡來。我說：「避免吵架的最好方法，就是不要再吃蘋果了！」後來他們也認為，為了這種小事吵架實在太不值得了。於是我對那位太太說：「我正要聽你們講這句話，妳先生吃了這麼多蘋果皮，還好好的並沒有死，妳擔心什麼？」我又跟那位先生說：「你太太不要吃蘋果皮，你嫌她浪費，那你就把她的蘋果皮拿來吃嘛！不就沒事了！」這個例子是說，每個人的習氣不同，有些是過去世帶來的，有些是在不同的家庭環境以及不同的成長過程中影響而成的。因此，不要勉強別人來認同自己的習氣，同時也要體諒別人的習氣。

人間淨土不僅僅是現在重要，未來也很重要。它與我們的生活以及社會環境是息息相關的。當我們講人間淨土時，不要否定了有他方世界的佛國淨土。這個世界對我們眾生而言，永遠是個娑婆世界、五濁惡世，一直到這個世界毀滅為止。彌勒經典告訴我們，還要經過五十七億多年之後，彌勒佛才會下生人間，這個世界才會成為淨土。如果以我們現代人糟蹋破壞地球生態環境的速度來看，到那時，這個地球還能存在嗎？希望人類全體都能保護這個世界，少破壞、少浪費；能夠知福、惜福、培福，為彌勒下生人間做好準備工作。

諸佛所見到的淨土，都是平等無差別的功德世界，而凡夫看到的淨土，則是有形有相有層次的物質世界。在佛國淨土裡的一切施設莊嚴，都是佛為眾生所做的介紹：佛身有多高、多大、放多少光？蓮花是何色，有多大、如何開敷？佛還告訴我們，在西方淨土中的環境，都是七寶所成，思衣得衣、思食得食、飛行自在，福報無量，壽命無量。這個「有」，是針對眾生說的，是眾生的境界，非諸佛層次的境界。因此，淨土的層次是由有相的淨土至無相的淨土；有相淨土不是究竟淨土，無相、實相的淨土才是最高的諸佛淨土。

淨土，一定是由有形相到無形相，從我們這個現實的世界到他方的佛國淨土；這兩個觀念一定要建立起來，否則，就會變成一般宗教的天國信仰了。至於我們這個人間淨土，是要在現實的社會環境條件下，盡量努力，使我們的心能體驗到安靜與清淨，那麼，這個世界才會是一個有意義的人間淨土，而不是一個空想幻思中的烏托邦。

諸位菩薩，人間淨土就在你們的心中，就在你們家裡，就在你生活中的每一個處所，只要一念之間，心念清淨，此一念之間所見，就是人間淨土。

（摘自《人間淨土．人間淨土對現代人的重要性》）

好願箋

人間淨土，不是找個社區，大家一起來建設它，而是在我們個人的日常生活中，時時提起菩提心，深信自己心中有佛性；從心念清淨、口業清淨、身業清淨著手做起。

人間淨土 54

有大願力——

一個微笑，一句祝福；人人行好願，讓人間淨土實現。

The Power of Great Aspiration

With a smile, a blessing, Let's all fulfill good aspirations,
Creating a pure land on earth.

著者	聖嚴法師
選編	法鼓文化編輯部
出版	法鼓文化
總監	釋果賢
總編輯	陳重光
編輯	林文理
封面設計	化外設計
內頁美編	小工
地址	臺北市北投區公館路186號5樓
電話	(02)2893-4646
傳真	(02)2896-0731
網址	http://www.ddc.com.tw
E-mail	market@ddc.com.tw
讀者服務專線	(02)2896-1600
初版一刷	2025年1月
建議售價	新臺幣100元
郵撥帳號	50013371
戶名	財團法人法鼓山文教基金會—法鼓文化
北美經銷處	紐約東初禪寺 Chan Meditation Center (New York, USA) Tel: (718)592-6593 E-mail: chancenter@gmail.com

法鼓文化

國家圖書館出版品預行編目資料

有大願力：一個微笑, 一句祝福; 人人行好願, 讓人間淨土實現。 / 聖嚴法師著；法鼓文化編輯部選編. -- 初版. -- 臺北市：法鼓文化, 2025.01
面； 公分
ISBN 978-626-7345-51-1(25K平裝). --
ISBN 978-626-7345-52-8(32K平裝)

1. CST: 佛教修持 2. CST: 修身

225.87　　113016149